PARIS
20
JEUX DE PISTE
INSOLITES

DOMINIQUE LESBROS

PARIS

20 JEUX DE PISTE INSOLITES

- ÉNIGMES
- RÉBUS
- JEUX DE LETTRES
- DEVINETTES
- JEUX D'OBSERVATION

PARIGRAMME

Remerciements

L'auteur tient à remercier ceux et celles qui ont consacré du temps et de l'énergie à tester ces parcours et à lui faire part de leurs remarques. Leur concours fut extrêmement précieux.

Mention spéciale pour :
Jean-Pierre Videau (11 tests accomplis !) et Marie-Hélène
Jean-Claude Fornerod (6 tests) et Claire

Et aussi :

Gaëlle Savery, Charles et Alice
Nicolas d'Estienne d'Orves, Victor et Valentin
Pascal Lesbros
Mickaël Blasselle
Dominique Lacan
Louis Ménet, Pierre et Laura Chevrier
Marie-Laure Pohu, Lola et Arthur
François Besse
Mathilde Kressmann
Emmanuelle Dombrosio
Karine Girard, Violette et Gustave
Dorothée Bocquet, Jean-François, Camille et Raphaël

PROMENADES ÉNIGMATIQUES

20 parcours ludiques pour découvrir Paris en s'amusant

Mode d'emploi

Si ce livre est entre vos mains, vous devez avoir quelque appétence pour les énigmes, les jeux de piste et autres rallyes. Tant mieux : c'est la condition première pour se lancer dans cette aventure. La seconde est d'avoir le sens de l'observation et un brin de jugeote. Le bagage intellectuel ou culturel est facultatif. Il n'est pas impossible cependant qu'il s'étoffe au fil de vos pérégrinations.

En quoi consistent ces promenades énigmatiques ?

À chaque arrondissement correspond un scénario, une quête, à chaque fois différente. La mécanique de jeu, en revanche, est toujours la même :

Le pitch plante le décor. Une première énigme conduit à un lieu. Il faut s'y rendre et résoudre une deuxième énigme basée sur l'observation. La solution est à écrire dans une grille où certaines lettres sont associées à un symbole. Un petit texte bonus conclut parfois ce premier volet. Ce bonus n'aide pas à résoudre les énigmes mais il permet de se cultiver en passant.
Vient ensuite un nouveau titre, une nouvelle énigme de lieu, etc.
À la toute fin, les symboles glanés permettent de décoder l'énigme finale. Ne vous préoccupez pas des symboles dans un premier temps. Ils ne servent qu'à la fin du parcours pour la révélation finale.

Il est fortement recommandé de se munir d'un plan de Paris récent et d'un plan du métro.
Il n'est pas impossible, parfois, que des chantiers de restauration de monuments ou d'œuvres architecturales masquent provisoirement certains éléments. Dans ce cas précis ou si vous butez vraiment sur une question, vous pouvez consulter les pages « déblocage express », en fin d'ouvrage. N'en abusez pas pour préserver l'intérêt du jeu !

SOMMAIRE

D'un coup d'œil

Grande ou petite forme, joueur occasionnel ou traqueur expérimenté, adepte d'un mode relax ou challenge, vous trouverez forcément des parcours adaptés à votre profil. Ce tableau est donné à titre indicatif, libre à vous de vous échapper des cases.

	Distance	Durée	Difficulté
1er	2,2 km	1 h 45	●○○
2e	1,8 km	2 h	●●●
3e	1,3 km	1 h 30	●○○
4e	2 km	2 h	●○○
5e	1,4 km	1 h 45	●●○
6e	1,3 km	2 h 15	●●●
7e	1,3 km	1 h 45	●○○
8e	2,2 km	1 h 15	●●○
9e	2 km	2 h	●●○
10e	2 km	1 h 15	●●○

	Distance	Durée	Difficulté
11e	2,2 km	1 h 45	●○○
12e	1,5 km	1 h 45	●○○
13e	2 km	1 h 45	●●○
14e	2,6 km	1 h 45	●○○
15e	2,8 km	2 h 15	●○○
16e	3 km	2 h	●○○
17e	2 km	1 h 45	●○○
18e	2,5 km	2 h 30	●○○
19e	3,3 km	2 h 15	●○○
20e	2 km	2 h 30	●●○

Pt du Carroussel
Pl. du Carrousel
rue de Rivoli
r. de Rohan
Pl. André Malraux
Place Colette
Place du Palais Royal
rue Molière
rue de Richelieu
rue de Montpensier
pass. Richelieu
pass. Potier
Jardins du Palais-Royal
rue de Valois
Place de Valois
pass. Vérité
rue des Bons Enfants
rue Saint Honoré
rue Montesquieu
rue Croix des P. Champ
rue du Colonel Driant
rue du Bouloi
r. du Pélican
gal. V. Dodat
rue J.J. Rousseau
rue de Marengo
rue de l'Oratoire
Pl. des Deux Écus
r. A. Jullien
r. C. Royer
Quai du Louvre
Pont des Arts
Seine
rue de l'Amiral de Coligny
Pl. du Louvre
rue du Louvre
r. Jean Tison
r. Bailleul
rue Berger
rue Sauval
r. Perrault
r. des Prêtres St-Germ. l'Auxerrois
rue de l'Arbre Sec
Place de l'École
r. Baillet
rue Vauvilliers
Jardin Nelson-Mandela
Place du Pont-Neuf
Pont Neuf
rue de la Monnaie
rue du Roule
rue des Prouvaires
rue du Pont Neuf
rue Boucher
Place Maurice Quentin
imp. des Bourdonnais
Place Marguerite de Navarre
p. A. Carême
p. des Lingères
rue H. Robert
Place Dauphine
Quai de l'Horloge
Quai de la Mégisserie
rue des Bourdonnais
rue St-Germain l'Auxerrois
r. B. Poirée
rue des Orfèvres
rue des Deux Boules
rue J. Lantier
rue des Lavandières
r. É. Colonne
rue de Harlay
Île de la Cité
rue des Halles
r. de la Lingerie
r. de la Ferronnerie
rue des Innocents
rue du Pot d'Étain
r. Ste Opportune
Pl. Ste-Opportune
r. Courtalon
r. des Lombards
Place Jean du Bellay
rue Saint-Denis
200 m
N

1er

ARRONDISSEMENT

L'ÉPREUVE DU TEMPS

Vous êtes au chevet d'un physicien, le professeur Ilof Petrovskaïa. Le vieil homme se meurt après avoir voué sa vie à des travaux expérimentaux. C'est à vous, son assistant dévoué, qu'il envisage de confier les plans d'une machine à remonter le temps. L'engin d'une folle complexité est quasiment au point, à quelques réglages près.

Mais êtes-vous digne d'un tel héritage ? Petrovskaïa a besoin d'en être convaincu : une mise à l'épreuve vous attend sous la forme d'un parcours initiatique.

Vous allez devoir trouver le nom des sept éléments (solides, liquides ou gazeux), nécessaires au fonctionnement de la machine.

DISTANCE ± 2,2 km
DURÉE ± 1 h 45
DIFFICULTÉ ●●●

1. Le compte à rebours est lancé

Sentant ses forces l'abandonner, Petrovskaïa glisse une liasse de papiers entre vos mains. Sur le premier feuillet s'étale un rébus, qui indique manifestement un lieu.

Sur place, une monumentale horloge or et azur vous attend. Concentrez-vous sur le texte* inscrit dans le cartouche de marbre noir, en bas, et comparez-le avec celui reproduit page ci-contre, où des lettres ont disparu.

Ceci est la plus ancienne horloge publique de la capitale mais aussi la toute première. Elle a été offerte par Charles V aux Parisiens en 1371. Grâce à elle, on pouvait enfin connaître l'heure, même la nuit et même par temps nuageux (ce que ne permettaient pas les cadrans solaires). Elle a subi de nombreuses restaurations et remaniements dont les dates apparaissent au bas du cadran.

* En voici la traduction : « Cette machine qui fait aux heures douze parts si justes invite à protéger la Justice et à défendre les lois. »

Notez les lettres manquantes, dans l'ordre, dans la première ligne de la grille ci-dessous (ne vous occupez pas des cases bleutées). Vous obtiendrez le nom d'un élément très rare, absolument nécessaire au déclenchement de la faille temporelle.

					VIII			

2. L'heure tourne...

Vous réfléchirez plus tard au moyen de se procurer cet élément. Essayez plutôt de localiser votre prochaine destination. Un autre feuillet extrait de la liasse de Petrovskaïa vous donne pour seule indication ce schéma. Suivez scrupuleusement les indications.

Laissez la flèche rouge guider votre regard. Un élément apparaîtra, semble-t-il, à condition de cocher les bonnes cases. <u>Noircissez bien les cases correspondant à la réponse correcte.</u>

	VRAI	FAUX
Le cavalier porte des bottes à éperons.	M	S
Le cavalier a les pieds dans des étriers.	E	Y
Le cheval lève une seule patte.	L	N
Le cavalier a une couronne de laurier.	R	V
Le cavalier porte barbe et moustache.	I	A
Le cavalier tient les rênes dans la main droite.	N	F
La statue est en bronze.	A	I
Le cavalier porte une toge.	T	E
Cette statue est celle du roi Louis XIV.	E	S

Apparaîtra alors le nom d'un minéral photosensible, composé de tellurure d'or et d'argent. Copiez-le dans la première ligne de la grille :

			X					

3. À la bonne heure !

Sans perdre de temps, vous dépliez un nouveau feuillet où s'étale, pour toute indication de lieu, ce seul cadran :

Sachant que Petrovskaïa ne laisse jamais rien au hasard, soyez certain que l'heure affichée correspond à quelque chose. Un numéro, peut-être...

Vous allez : Place du Louvre

À cette adresse se côtoient deux édifices physiquement très proches. L'un est une mairie d'arrondissement, l'autre une église. Concentrez-vous sur le beffroi central et cherchez un cadran bleu entouré d'une frise de chardons verts, celui dans lequel un mot, un seul, est inscrit en lettres d'or. Ce mot désigne l'élément nécessaire au circuit de refroidissement de la machine. Reportez-le dans la grille :

P	L	U	I	E
XI				

La construction du beffroi fut entreprise en 1858 sur les plans de Théodore Ballu qui avait participé, peu de temps auparavant, aux travaux de restauration de la tour Saint-Jacques (1852-1855), d'où ce petit air de famille.

4. Pile ou fesse ?

Dépliant un autre feuillet, vous découvrez un nouveau schéma :

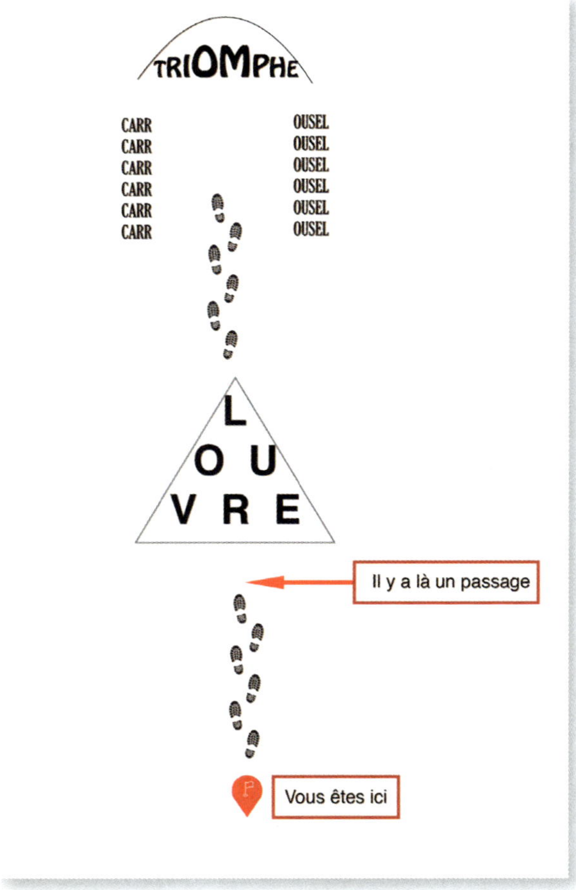

Passez sous l'arc et postez-vous face au jardin. Un cadran solaire horizontal géant s'étale au sol. Les rayons horaires, partant de la base de l'arc, sont matérialisés par des dalles prolongées dans les pelouses par des haies de buis. Entre ces haies se trouvent des statues aux formes voluptueuses.
Associez chaque buste au fessier correspondant. Les paires formées vous révèleront trois gaz indispensables au fonctionnement de la machine.

Ces trois gaz sont :

C	R	Y	P	T	O	N
				IV		

H	E	L	I	O	N
			III		

R	A	D	O	N
		V		

Ces statues en bronze sont l'œuvre d'Aristide Maillol. Elles ont été installées ici en 1964 à l'initiative d'André Malraux, alors ministre de la Culture. Elles représentent essentiellement des déesses et des nymphes telles que Vénus, Pomone, Flore ou les Trois Grâces.

5. Avant que sonnent les douze coups…

L'espace-temps se resserre : ralliez sans tarder la prochaine zone d'exploration. Elle se trouve à la sortie du labyrinthe. Ne vous perdez pas en chemin !

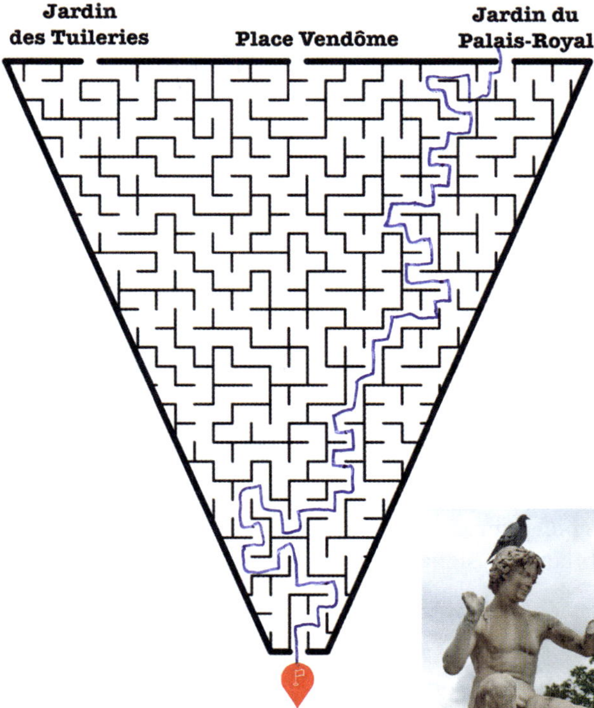

Allez-y et cherchez cette statue, avec ou sans pigeon :

Juste derrière la statue, sur la pelouse, se trouve une petite colonne portant un objet. La nature de cet objet est détaillée sur un panneau présent en deux exemplaires, de part et d'autre de la pelouse, dans les massifs de fleurs. Placez-vous devant l'un ou l'autre de ces panneaux, lisez et complétez ceci :

Les heures comptées le sont (dernière phrase) : HEUREUSES
Nom de l'horloger : ROUSSEAU
Nom de cet objet : CANON
Nom d'une ville : PARIS
Nom d'une galerie : BEAUJOLAIS
Nom d'un mois de l'année : JUILLET
Mot répété trois fois : CANON
Elle provoquait la mise à feu : ~~MECHE~~ LOUPE

Reportez dans l'ordre les lettres bleues dans la grille :

E	S	C	A	R	B	O	U	C	L	E
			IX			II			VI	I

Cette pierre précieuse rouge grenat s'ajoute aux autres éléments connus, signant la fin de votre quête.

Ce dispositif est une méridienne c'est-à-dire qu'il ne donne que l'heure de midi (à la différence d'un cadran solaire qui indique plusieurs heures du jour). Les indications du panneau ne sont pas tout à fait exactes car le système optique, désormais remplacé par une mise à feu pyrotechnique, se déclenche chaque mercredi à midi (et non tous les jours).

Tic tac, tic tac, tic tac...

Le professeur Ilof Petrovskaïa vous attend. Vous pouvez lui montrer avec fierté le nom de tous les éléments nécessaires pour faire fonctionner la machine à remonter le temps. Le vieil homme est satisfait mais il souhaite encore vous livrer une dernière consigne. Il veut que sa machine soit installée dans un endroit où le temps, justement, semble ne pas avoir de prise. Vous ne devriez pas avoir de difficulté à décrypter le lieu grâce aux codes glanés dans les cases bleutées, au fil des énigmes.

P	A	L	E	R	I	E
XI	IX	VI	I	VIII	III	I

V	E	R	O	-	D	O	D	A	T
X	I	VIII	II		V	II	V	IX	IV

C'est tout près d'ici : s'il vous reste quelque énergie, n'hésitez pas à aller éprouver in situ cette sensation d'être hors du temps.

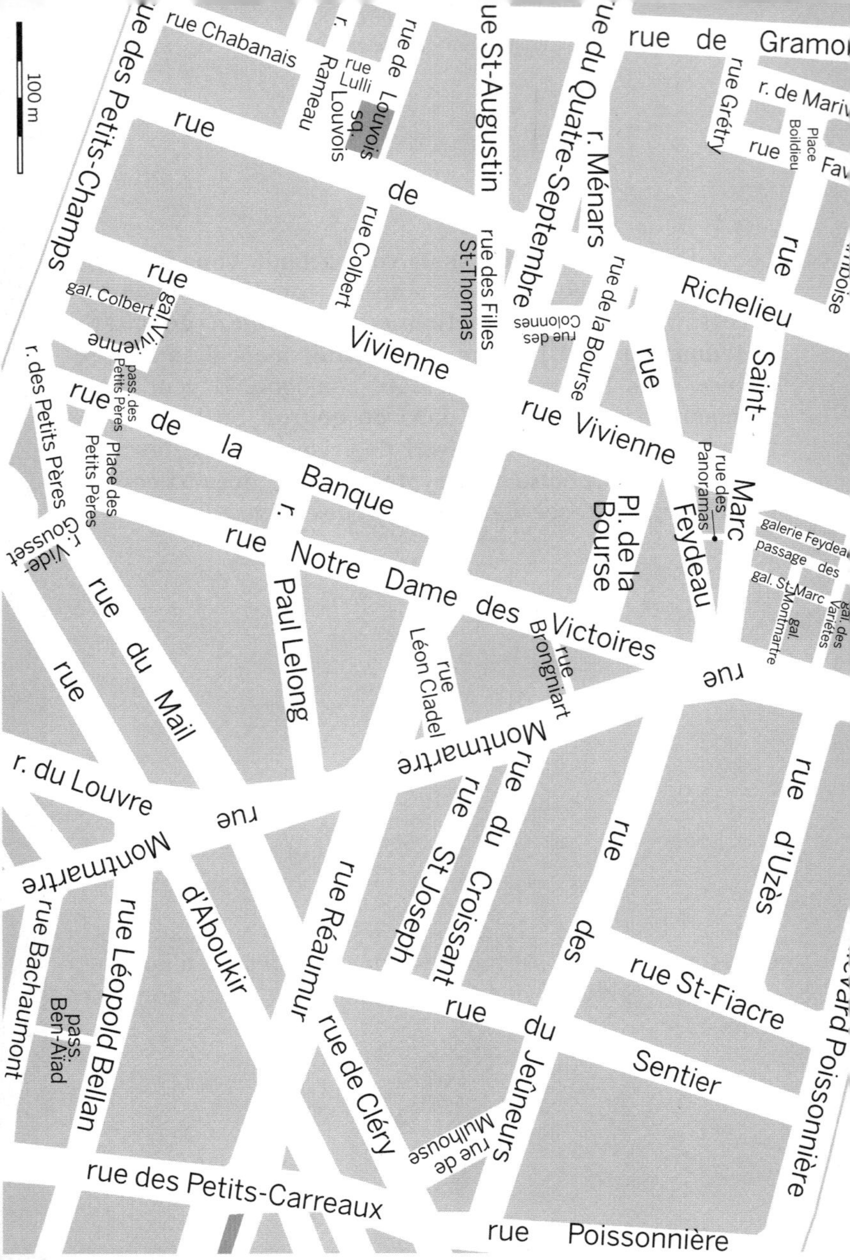
100 m
rue Chabanais
rue des Petits-Champs
rue Lulli
r. Rameau
rue de Louvois
sq. Louvois
rue de
ue St-Augustin
rue du Quatre-Septembre
r. Ménars
rue de Gramo
rue Grétry
r. de Mariv
Place Boildieu
rue Fav
rue Colbert
rue des Filles St-Thomas
rue de la Bourse
rue des Colonnes
rue Richelieu
gal. Colbert
gal. Vivienne
rue Vivienne
pass. des Petits Pères
Place des Petits Pères
r. des Petits Pères
rue de la Banque
rue Vivienne
rue Saint-Marc
rue des Panoramas
rue Feydeau
Pl. de la Bourse
galerie Feydeau
passage des
gal. St-Marc
gal. Montmartre
gal. des Variétés
r. Vide-Gousset
r.
rue Notre Dame des Victoires
rue Paul Lelong
rue Léon Cladel
rue Brongniart
rue du Mail
rue
rue Montmartre
rue d'Uzès
r. du Louvre
rue Montmartre
rue St Joseph
rue du Croissant
rue des
rue d'Aboukir
rue Réaumur
rue St-Fiacre
rue du Sentier
rue Bachaumont
rue Léopold Bellan
pass. Ben-Aïad
rue de Cléry
rue du Jeûneurs
rue de Mulhouse
Boulevard Poissonnière
rue des Petits-Carreaux
rue Poissonnière

2e ARRONDISSEMENT

EN QUÊTE DE SCOOP

Journaliste à *Ici Paname*, vous végétez entre la rubrique des chiens écrasés et celle du courrier du cœur. Votre ambition : sortir de ce carcan et décrocher la Une. Cinq colonnes, de préférence.
C'est décidé : vous allez écumer le quartier en quête d'une exclusivité sensationnelle. Les écoutilles grandes ouvertes, vous voilà branché sur Radio Potins.

DISTANCE ± 1,8 km
DURÉE ± 2 h
DIFFICULTÉ ●●●

1. L'assaut des rongeurs

Un post vient d'être publié sur le flux RRS News (Rago-Rézo-Socio) – source dont le sérieux ne saurait être mis en doute. Un scoop rêvé, anxiogène à souhait : des rats d'une espèce mutante seraient sortis par milliers des profondeurs de la ville, dévorant tout sur leur passage. Ils se seraient attaqués la nuit dernière à un immeuble de bureaux.

Le réseau 4G bafouille et l'image se brouille mais vous comprenez néanmoins que vous devez de toute urgence vous rendre au :

SEPTEMBRE
SEPTEMBRE
SEPTEMBRE
SEPTEMBRE

Voyez-vous sur l'enseigne « métropolitain » la signature « Hector Guimard, arch. » ? Elle n'est présente que sur les portiques installés avant 1904. Au-delà, elle n'apparaît plus en raison d'une impopularité croissante de l'architecte.

Sur place, pas l'ombre d'une queue de rongeur. Tapotant frénétiquement sur l'écran de votre smartphone, vous balayez le flux RRS News en quête de précision. Bingo ! Une photo clignote, accompagnée d'un message alarmiste.

« Placez-vous à l'endroit précis où cette photo a été prise et allez dans la direction qu'indique l'horloge sur la photo.
Vous verrez, près de la station Vélib', un immeuble attaqué en profondeur, rongé jusqu'au niveau du 1er étage sur une dizaine de mètres. Regardez ces trous grands comme des assiettes, avec les marques des petites dents pointues sur les bords !
À quand le prochain assaut, et où ?
Et comment se protéger ? »

Les dégâts sont indéniables et vos investigations vous permettent d'affirmer qu'ils ont été causés par une :

2. Demande et tu auras

La sonnerie de votre téléphone retentit : c'est madame Béjaune, votre voisine de l'étage du dessus, tellement poisseuse qu'elle collectionne les grigris. Vous décrochez en soupirant, craignant une énième fuite dans son appartement mais... non ! Au courant de votre quête, elle souhaite vous aider en vous révélant un truc miraculeux qui a bouleversé sa vie, comme celle de bien d'autres initiés. À l'entendre, il y aurait moyen de contrer toutes les misères de l'existence : il suffirait de se rendre dans un lieu bien précis et d'y exprimer ses désirs pour les voir exaucer. Ben voyons... ! Si épais soit votre scepticisme, vous ne pouvez négliger aucune piste. madame Béjaune vous a textoté l'adresse en croisant les doigts (ceci expliquant cela) :

Palec
dse
tisPet-sèreP

Vous allez : ______________________________

Au-dessus du bénitier, près du confessionnal, une même phrase est gravée en trois langues. L'inscription en grec est une rareté : il s'agit d'un vers rétrograde, c'est-à-dire qui se lit indifféremment dans les deux sens (la lettre T en marque le centre). Il signifie en français : « Lave tes péchés et pas seulement ton visage. »

Madame Béjaune vous y attend et vous entraîne à sa suite sous le porche monumental en chuchotant à votre oreille :
« Vous voyez bien : toutes les preuves sont là ! Quand je vous disais que ça marche à tous les coups. Mieux qu'un trèfle à quatre feuilles et un fer à cheval réunis... Essayez pour voir ! »
Pas sûr de décrocher la Une avec ce truc... Saint Antoine étant de bon conseil, vous lui demandez son avis. Le bougre vous répond par une série de devinettes dont les réponses sont face à lui.

Nom du donateur de la n° 6828 :

☐ _ _ _ _ _ _

Obtenue par la donatrice de la plaque n° 3368 :

☐ _ _ _ _ _ _ _ _ _

Maladie évoquée à la date du 8bre 78 :

_ ☐ _ _ _ _

Elle est reconnaissante, le 30 X^{bre} 1865 :

_ _ _ _ _ _ _   ☐ _   _ _ _ _ _ _ _ _

Obtenue par le donateur de la n° 3371 :

_ _ _ _ _ _ ☐ ☐

Reportez dans la grille ci-dessous les lettres associées aux signes pour savoir quel crédit accorder à ce témoignage :

:

		?		

3. Espèce d'espace

Un mail s'affiche sur votre tablette, portant en en-tête le logo de la Ville de Paris. C'est un communiqué de presse informant de l'aménagement d'une piste d'atterrissage pour véhicules extra-terrestres. Une première du genre ! Signé de l'adjoint chargé des questions relatives aux transports, à la voirie, aux déplacements et à l'espace public, il se conclut ainsi :

« Afin d'éviter un embouteillage sur zone, l'adresse est maquillée selon le code E.T. » (E=T). Les plus malins auront la primeur. Et vous en serez.

A	B	C	D	**E**	F	G	H	I	J	K	L	M
				T								
N	O	P	Q	R	S	T	U	V	W	X	Y	Z

Gjt Atdc-Rapsta

Vous allez : ______________________________

Vous y êtes ! Sur vos talons, un confrère de *Transport-logistique* noircit fébrilement son calepin en s'extasiant devant l'ingéniosité du dispositif. Il mitraille les bandeaux « Stationnement de la Ville de Paris » **1**, manipule la prise d'alimentation en carburant bio-stellaire **2**, zoome sur le dispositif lumineux zébrant le sol **3***. Il photographie enfin, au coin de la rue, la statue **4** tenant dans sa paume une soucoupe volante ainsi que le pan de mur où s'affiche un texte en morse intergalactique **5**.

*Par temps ensoleillé, à certaines heures de la journée.

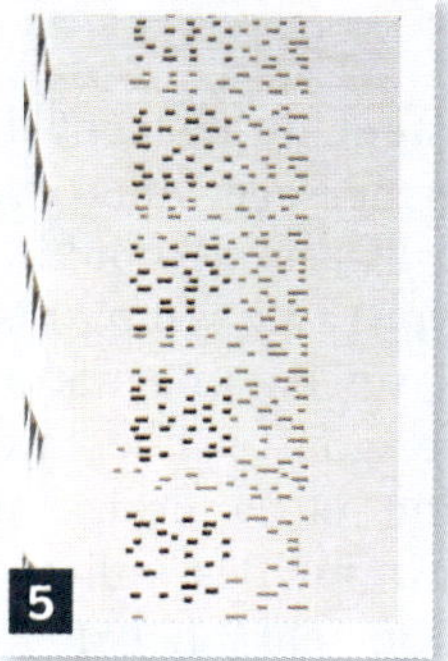

Passant à votre tour les lieux au crible, vous notez sur votre tablette qu'il s'agit d'un espace de :

G					
	/	»	!	!	

4. Un engrais super puissant

Patrick Blanc, célèbre biologiste inventeur du concept des murs végétaux, vient de vous envoyer un message. Vous l'avez rencontré en 2013 à l'inauguration de l'Oasis d'Aboukir, à l'angle de la rue des Petits-Carreaux, et vous avez sympathisé. Il vous informe qu'il a mis au point un engrais naturel extrêmement performant. Une seule goutte boosterait de façon spectaculaire la germination et la croissance des plantes. Il l'a expérimenté hier soir sur des bulbes et vous invite à constater l'effet produit. Où cela ? Les quatre cariatides qui veillent sur *La France* le savent. Trouvez-les et demandez-leur.

Noircissez bien les cases correspondant à la bonne réponse et l'adresse apparaîtra dans les cases restantes.

	VRAI	FAUX
Il y a parmi ces statues autant d'hommes que de femmes.	B	R
Les atlantes (figures masculines) sont drapés dans une peau de lion.	I	U
Les atlantes regardent vers le haut de l'immeuble.	E	O
La jambe de l'une des cariatides est entièrement dénudée.	T	D
Un seul et même sculpteur a produit cet ensemble de statues.	U	M
La cariatide de droite tient une plume à la main.	M	S
La cariatide au flambeau a les cheveux partiellement détachés.	U	A
Les orteils des cariatides ne dépassent pas de la corniche.	I	E
L'allégorie du Journalisme est plus souriante que celle de la Typographie.	R	L

Pour connaître le numéro de la rue, comptez le nombre de lettres du bandeau-enseigne et ajoutez 3 à ce nombre.

Vous allez : ______________________________

À cette adresse, vous vous heurtez à un confrère analyste du *Mensuel des finances,* déjà sur le coup. Gardez confiance : vous avez un cran d'avance car c'est à vous et à vous seul que Patrick Blanc a confié le nom de son engrais bio. Ses effets sont sidérants, à voir la taille des tulipes. Pour baptiser son invention, Patrick s'est inspiré du texte qu'il avait sous les yeux. Il a choisi le seul mot « entier » et lisible de neuf lettres (c'est-à-dire non partiellement dissimulé par une feuille, une tige ou un pétale). Puis il a remplacé les trois dernières lettres de ce mot par l'avant-avant-dernière lettre de l'alphabet, marketing oblige ! Le nom de l'engrais est :

«		#				

Le fond de cette fresque, inspiré d'un journal financier, évoque à la fois la proximité de la Bourse et la présence dans le quartier, dès le milieu du XIXe siècle, du siège des grands journaux. À leurs côtés se sont installées des imprimeries, des associations de journalistes et des agences de presse.

5. Un mode de transport futuriste

Une mise à jour du flux RRS News capte votre attention : un scoop vous attend non loin. Où cela ?

Vous allez : ______________________________

Le scoop s'étale face à vous. Il concerne un couple de people. De qui s'agit-il ?

Notez le nom des deux personnages dans les grilles ci-dessous :

)					

		%						

Notez enfin la couleur dominante de la fresque :

		§		

6. Lifting à grande échelle

Un cliquetis se fait entendre, celui d'un panneau lumineux d'informations locales. La nouvelle qu'il diffuse est pour le moins étonnante !

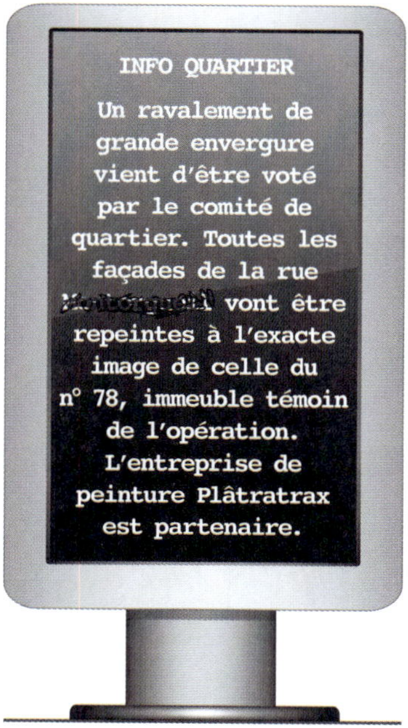

Hélas ! Une défaillance du système d'affichage occulte partiellement le nom de la rue. Vous ne ferez qu'une bouchée de ce petit désagrément.

Vous allez : ____________________________

Info ou intox ? Une enquête s'impose. Observez ces détails. Seulement cinq d'entre eux sont bel et bien présents dans la rue côté pair. Identifiez et barrez les trois intrus.
Les lettres accompagnant les éléments visibles dans la rue vous fourniront une réponse.

									:				
				&		@							;

Cette rue bordée de nombreux commerces de bouche est l'une des plus fournies de Paris en matière d'enseignes, tant anciennes que modernes.

De l'info, en veux-tu en voilà

La gloire d'une Une sur cinq colonnes, signée de votre plume, ce n'est pas encore pour l'édition de demain ! Mais nul doute que vous avez gagné vos galons de reporter par le biais de cette enquête. La preuve : grâce à vos réponses, vous allez pouvoir décoder l'alphabet typographique crypté pour découvrir le surnom de ce quartier :

/	&		@	;	%	§	«	/	»	}	§	;		?	§
										Q					

:	@	.	»	!	!	&	#	)

:	&	@		/		;	%	»	:	;	#	)	@	;
					'									

?	§		}	§	&	@	)	»	;	@		?	;
			Q										

/	&		%	@	;	!	!	;		!	;		!	»	)	§	&	»	)		&	§

:	@	.	»	!	;	,	;	#	)		?	;		/	&		@	§	;		?	§

:	@	.	»	!	!	&	#	)		;	)		?	;		/	&		@	§	;

,	.	#	)	,	&	@	)	@	;	
										.

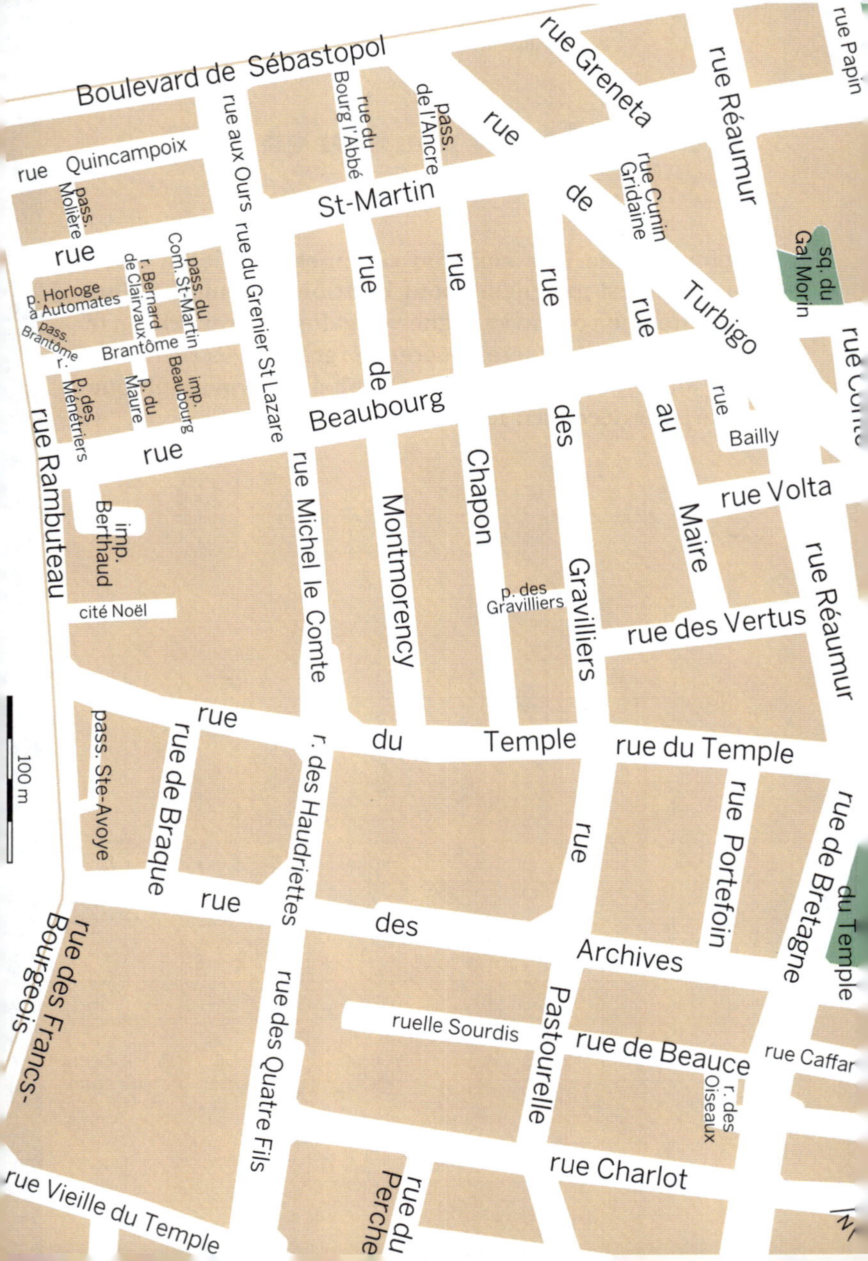

Boulevard de Sébastopol
rue Greneta
rue Réaumur
rue Papin
rue Quincampoix
rue aux Ours
rue du Bourg l'Abbé
pass. de l'Ancre
rue St-Martin
rue Cunin Gridaine
pass. Molière
rue de Turbigo
sq. du Gal Morin
p. Horloge à Automates
r. Bernard de Clairvaux
pass. du Com. St-Martin
pass. Brantôme
r. Brantôme
rue du Grenier St Lazare
rue de Beaubourg
rue Conté
r. p. des Ménétriers
p. du Maure
imp. Beaubourg
rue Bailly
rue au Maire
rue des Gravilliers
rue Chapon
rue Montmorency
rue Michel le Comte
rue Rambuteau
imp. Berthaud
cité Noël
rue Volta
p. des Gravilliers
rue des Vertus
rue Réaumur
rue du Temple
pass. Ste-Avoye
rue de Braque
r. des Haudriettes
rue Portefoin
rue de Bretagne
100 m
rue des Archives
rue des Francs-Bourgeois
rue des Quatre Fils
ruelle Sourdis
rue Pastourelle
rue de Beauce
rue Caffarelli
r. des Oiseaux
rue Charlot
rue Vieille du Temple
rue du Perche
N

3^{e}

ARRONDISSEMENT

L'INVENTION DE LAVOISIER

Le directeur du Conservatoire national des arts et métiers est en émoi : il vient de trouver dans un vieux livre de la bibliothèque une liasse de feuillets signés Lavoisier et datés du 27 novembre 1793. Soit la veille du jour où le savant fut arrêté par les autorités révolutionnaires et incarcéré ; six mois avant que la lame de la guillotine tranche sa tête. Que contiennent ses notes inédites que Lavoisier, se sachant menacé, a pris soin de dissimuler ? Il y a là des croquis aquarellés, des plans fléchés, des formules absconses et une lettre en pattes de mouche.

DISTANCE ± 1,3 km
DURÉE ± 1h30
DIFFICULTÉ ●●●

C'est vous, homme (ou femme) à l'esprit éclairé, que le directeur du CNAM a missionné(e) pour décrypter les notes de Lavoisier. Vos cinq brillantes années d'études de chimie vont enfin trouver une application pratique.

> *7 Frimaire An II*
>
> ***Mes jours sont comptés et l'ombre noire qui se profile au-dessus de moi me pousse à clarifier de toute urgence le procédé d'une invention qui me tient à cœur. Ses applications, potentiellement immenses, serviront durablement le quotidien des hommes. Hélas ! Il est à craindre que dans les heures qui viennent mon matériel et mes travaux soient saisis au nom de la République. Je ne saurais souffrir que les notes relatives à cette invention tombent entre les griffes de la Convention. J'en livre ici précipitamment le détail sous forme cryptée, en espérant qu'un jour, un homme à l'esprit éclairé saura l'appréhender pour en faire bénéficier le plus grand nombre.***
>
> *Antoine Laurent de Lavoisier*

1. Quel terrain d'application ?

Vous venez de quitter le bureau du directeur du CNAM, sonné par la responsabilité qui pèse sur vos épaules. Une adresse griffonnée vous donne une première piste de recherche :

Square du Général Morin

Vous allez : ______________________________

En cet endroit, il vous faut observer les moindres détails. Ceux que vous retrouvez parmi les photos ci-dessous vous indiqueront en quel lieu l'invention de Lavoisier aura sa pleine utilité. En clair : conservez uniquement les syllabes associées aux éléments visibles sur place. Mettez-les dans l'ordre, de façon à former deux mots.

Notez le premier mot dans la première ligne de cette grille :

	±				

Et le second dans la première ligne de celle-ci :

ώ					

2. Si c'était une couleur...

Plongeant votre nez dans la liasse de Lavoisier, une autre piste s'impose à votre œil aiguisé.

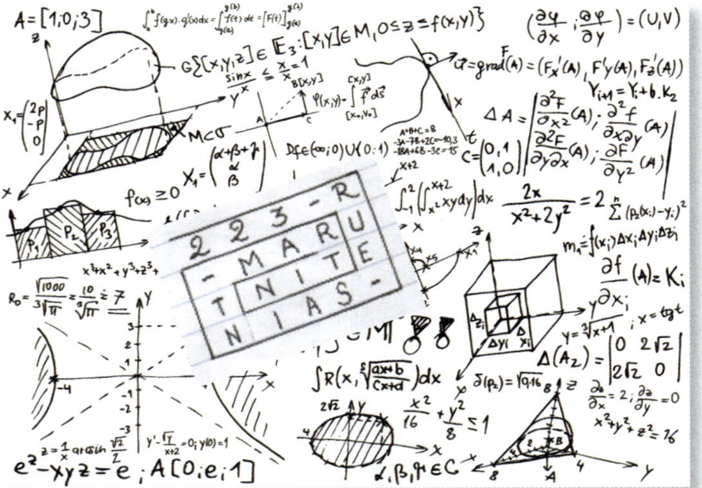

Vous allez : ______________________________

Ce passage est fermé le week-end par un digicode. Dans ce cas, passez directement à la question suivante. Vous consulterez le déblocage express au besoin à la fin de l'énigme si les lettres manquantes vous font défaut.

Ce passage qui existait déjà au XVIIe siècle est considéré comme le plus vieux de Paris. Il doit son nom à une enseigne d'auberge.

L'invention de Lavoisier est liée à une couleur. Mais laquelle ? Il y en a tant à l'endroit où vous êtes ! Concentrez-vous sur le côté gauche et procédez par élimination.

- Je ne couvre qu'une seule devanture.
- Je ne suis pas coincé entre deux verts.
- Je voisine avec du bleu.
- Il n'y a pas de rouge face à moi.

Je suis la couleur :

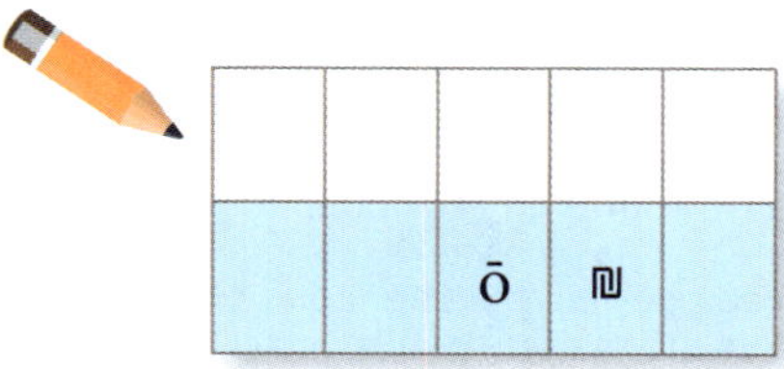

3. Quel type de dispositif ?

Le déchiffrage de ce rébus va vous permettre d'avancer dans votre quête en livrant le nom d'une rue.

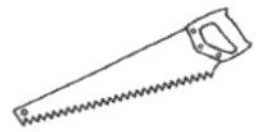

Vous allez rue de : ______________________

Au n° 51 se trouve la maison d'un célèbre alchimiste qui vous aidera par-delà les siècles. Sur la façade, une phrase est gravée en vieux français. L'objet présent au-dessus de la porte, exactement entre les mots « tenus » et « chalcū », a un lien très étroit avec le dispositif inventé par Lavoisier. Cet objet sert à l' :

		†				≈		

Cette bâtisse édifiée en 1407 pour un couple de philanthropes est la plus vieille (connue) de Paris. Elle hébergeait des ouvriers agricoles en échange d'un loyer modeste mais un peu spécial : la récitation quotidienne de deux prières pour les trépassés, comme en témoigne l'inscription sur la façade.

4. Quelle source d'énergie ?

En parlant d'énergie, vous commencez à en manquer. Courage, vous approchez du but ! L'avant-dernière étape est tout près si l'on en croit ce plan :

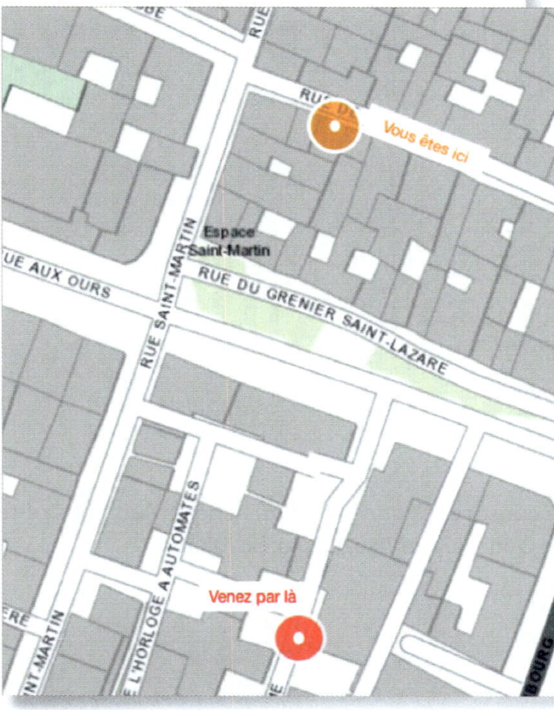

Dans cette rue piétonne, un instrument de mesure de forme étroite vous attend, fixé sur un mur, côté pair, à hauteur des yeux, près d'une boîte aux lettres. Complétez les lignes page suivante.

58° □□□□□□ □□ □□▣□□

48° □□□□▣□□ □□ □□□ □□□□□ □□ □□□□

40° □□□□□□□□□□ □□□ □□□□□ □□ □▣□□□

22° □□□□□□□ □□ □□▣□□□

23° □□□▣□□□□□□ □□ □□□□ □ □□□□

60° □□□□ □□□□▣□□□□ □□ □□□

16° □▣□ □□□□□□□

-24° ▣□□□□ □□□□

-7° □▣□□□□□□□ □□□□

-17° □□□□▣ □□□□

12° ▣□□□□ □ □□□

43° □□□□□▣□ □□□□□□□

39° □□□▣ □□□□

-30° □□□▣□ □□□□

0° □▣□

En ne conservant que les lettres encadrées, vous obtenez la source d'énergie envisagée par Lavoisier.

									S					
					Ŧ			Ψ		~				

Dans les années 1970, un îlot insalubre fut démoli pour laisser place à cet ensemble d'immeubles disposé selon la trame parcellaire médiévale pour garder l'esprit du bâti ancien.

5. Un auxiliaire inattendu

En ce lieu vous attend la dernière clé de l'énigme :

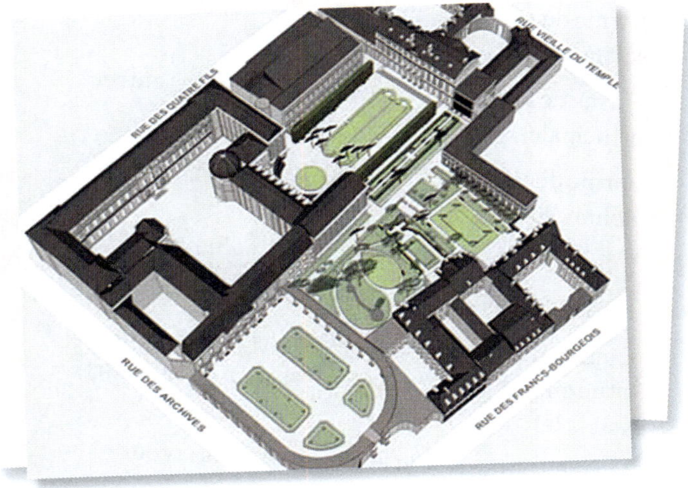

Vous allez : ______________________________

Dénichez dans un angle de la cour d'honneur un plan intitulé « Traversée des jardins », et en l'observant, répondez aux questions suivantes :

Couleur des flèches signalant les accès d'entrée (moins la lettre finale) : □□□

Forme du bâtiment abritant le PC sécurité-sûreté, soit la lettre : □

Forme de la cour d'honneur (où débouche l'entrée principale), soit la lettre : □

Forme du parterre bordé par le Caran et l'hôtel de Rohan, soit la lettre : □ (à l'envers)

Initiale de l'hôtel dominant la cour d'honneur : □

Initiale de l'hôtel à droite de la cour d'honneur : □

Consonne présente deux fois dans le nom de l'hôtel situé entre l'hôtel de Breteuil et celui de Jaucourt, soit la lettre : □

Forme que dessine la flèche verte dans la cour d'honneur, soit la lettre : □

Θ		¥

		◊				ξ

Et la lumière fut

Les indices glanés vous ont-ils permis de deviner la nature de l'invention de Lavoisier ? Vérifiez votre intuition en décodant, grâce aux réponses précédentes et aux codes découverts dans les cases colorées, l'alphabet crypté.

					D					
†	≈	Ŧ	ώ	≈	^	≈	◊	¥	Ψ	±

Ψ	~	†	≈	◊	¥	Ψ	±

				D		
ώ	≈	¥		^	Ψ	±

Θ	Ψ	¥	±		†	ō	◊	±	≈	₪	ξ	±

rue du Pas de la Mule
Place des Vosges
Bd Beaumarchais
rue Pavée
r. du Roi de Sicile
rue Malher
rue de Sévigné
rue de Jarente
imp. Poissonnerie
Place du Marché Ste Catherine
rue de Turenne
rue d'Ormesson
r. Necker
rue Caron
rue du Prévôt
rue Saint-Antoine
pass. St-Paul
r. de Birague
imp. Guéménée
cour Bérard
rue des Tournelles
imp. Jean Beausire
r. Jean Beausire
rue Charlemagne
r. Eginhard
r. de l'Hôtel St-Paul
r. Neuve St-Pierre
r. du Fauconnier
r. des Jardins St-Paul
rue Saint-Paul
rue Charles-V
rue Beautreillis
rue Castex
rue de Lesdiguières
rue Jacques Cœur
Place de Bast
rue de l'Ave-Maria
rue des Lions Saint-Paul
rue Petit Musc
r. de la Cerisaie
Boulevard Henri-IV
Quai des Célestins
rue Jules-Cousin
r. de la Cerisaie
rue Bassompierre
Pl. du Père Theilhard de Jardin
pont de Sully
rue de Sully
rue de l'Arsenal
rue Crillon
Boulevard Bourdon
Square Barye
rue Agrippa d'Aubigné
Boulevard Morland
rue Mornay
Passerelle de l'Arsenal
r. de Schomberg
Quai Henri-IV
rue de Brissac
rue Crillon
Seine
100 m

4[e]

ARRONDISSEMENT

LE CONCOURS *HOP CHEF !*

Depuis le temps que vous en rêvez, vous avez enfin franchi le pas en vous inscrivant au concours *Hop Chef !*, fameuse émission de téléréalité culinaire. Les organisateurs viennent de vous faire parvenir par coursier la liste des ingrédients imposés à partir desquels vous allez devoir, ce soir même, élaborer un menu. Hélas, vous n'avez pas eu le temps d'en prendre connaissance que Raoul votre bull terrier, joueur comme tous les chiots, s'en est emparé, transformant la précieuse liste en une charpie dégoulinante de bave.

DISTANCE ± 2 km
DURÉE ± 2 h
DIFFICULTÉ ●●●

1. Y'a un os

Vous appelez sur-le-champ les organisateurs du concours qui, au lieu de vous renvoyer la liste, vous font parvenir un rébus :

Vous allez : ______________________________

Vous vous précipitez sur cette esplanade, en espérant y trouver une copie de la liste. Observez attentivement les façades alentour, sans trop vous éloigner des accès du métro. Cochez ci-dessous les six détails visibles autour de vous. Avec les lettres qui leur sont associées, vous pourrez reconstituer le nom d'un ingrédient.

Notez-le dans la première ligne de la grille ci-après :

Sous cette esplanade, des archéologues ont découvert en 2015 un morceau de la dernière enceinte médiévale construite autour de Paris ; un mur entrepris vers 1350 sous Charles V.

2. La moutarde vous monte au nez

Une personne, soudain, vous tire par la manche. C'est madame Tourneboule, la célèbre voyante. Elle tient entre ses mains sa boule de cristal emmaillotée dans un foulard. Elle soulève le tissu et là, dans les reflets irisés de la sphère, vous voyez trembloter une étrange silhouette :

JUILLET
JUILLET
JUILLET
JUILLET
JUILLET
JUILLET
JUILLET
JUILLET
JUILLET
JUILLET
JUILLET
JUILLET
JUILLET
JUILLET
JUILLET
JUILLET
JUILLET

1-3

JUILLET
JUILLET
JUILLET

Vous allez : ______________________________

Mais cette place est si grande que vous ne savez trop où chercher les ingrédients volatilisés. Considérez attentivement la vision de madame Tourneboule pour savoir vers quels numéros guider vos pas. Là, cherchez la plaque reproduite ci-dessous et trouvez les mots manquants. L'initiale de chacun formera l'intitulé d'un dessert.

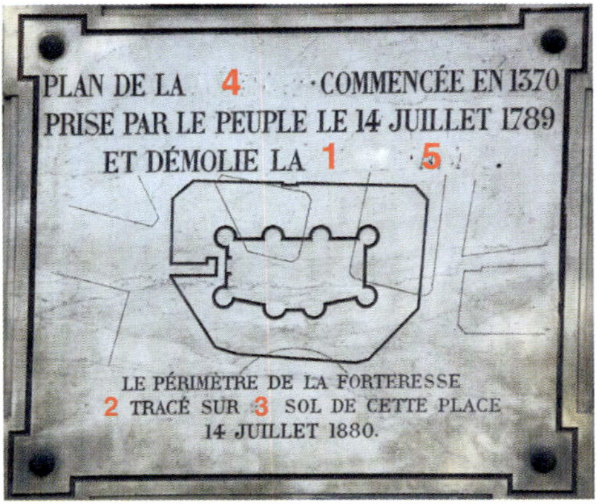

Nom du dessert : ____________________

Un fruit lui est traditionnellement associé. Ce fruit est l'ingrédient que vous cherchez :

À cet emplacement précis se trouvait la tour du Trésor, servant au XVIIe siècle de coffre-fort royal.

3. Seriez-vous le dindon de la farce ?

Bip ! Le téléphone sonne. C'est Léon Topo, votre voisin, prof de géo à la retraite, très gentil mais énervant avec sa manie de vouloir à tout prix vous faire apprendre les chefs-lieux de département. Vous décrochez néanmoins dans l'espoir qu'il vous livre un indice… Mais la liaison est mauvaise et vous comprendrez que vous devez impérativement vous rendre sur une place portant un nom de département. Lequel ?

Vous allez : ______________________________

Connaissant la passion de monsieur Topo pour l'équitation, vous vous dirigez aussitôt vers le cheval. Un filet à provisions traîne au sol. À l'intérieur, point de carottes ou de navets mais un questionnaire mitonné par Topo. Un ingrédient apparaîtra, semble-t-il, à condition de cocher les bonnes cases. Noircissez bien les cases correspondant à la bonne réponse.

	VRAI	FAUX
La queue du cheval ne touche pas ses pattes.	A	G
Le cavalier a les pieds dans des étriers.	R	N
Le cheval a les quatre fers au sol.	O	T
Le cavalier a une couronne de laurier.	I	S
Le cavalier porte une barbichette en pointe.	E	N
Le cavalier lève le pouce gauche.	I	D
La statue est en bronze.	L	O
Le cavalier a les orteils à l'air.	P	L
Le roi mentionné sur le socle a régné 33 ans.	R	E

Reportez ci-dessous l'ingrédient en question :

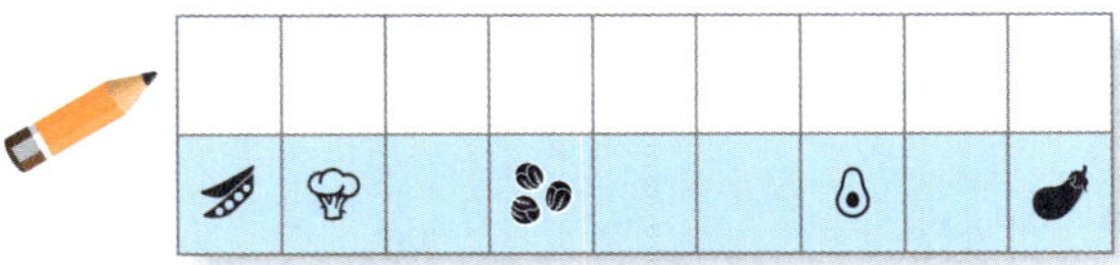

En 1639, Richelieu commanda une statue en bronze pour habiller ce qui était alors la place Royale, statue qui fut fondue pendant la Révolution. En 1825, une statue de remplacement fut commandée au sculpteur Cortot qui jugea bon d'utiliser non pas du bronze mais du marbre. Stupide fantaisie car le marbre se fissura sous le poids du groupe équestre, alors que la sculpture n'était pas encore achevée. Pour éviter toute cassure et soutenir durablement l'ensemble, on ajouta une béquille saugrenue en forme de tronc d'arbre sous le ventre du cheval.

4. Pas question de faire chou blanc !

Un marchand de glace juché sur un triporteur s'arrête soudain à votre hauteur et vous tend un cornet... vide ! Enfin, non, une boulette de papier froissée tout menu y est enfoncée.

Hotel de Sully

Des ingrédients s'y trouvent, c'est certain.

Vous allez : ______________________________

Concentrez votre attention sur les figures en bas-relief de la façade côté cour. L'enjeu ? Pour chaque tête de statue, retrouvez ses jambes. Plusieurs fruits et un légume apparaîtront alors. Les syllabes correspondant aux têtes ne constituent pas nécessairement le début de chaque mot.

Voici les têtes...

1 : QUET

2 : VET

3 : KI

4 : RE

5 : LIT

6 : UBE

... et les pieds :

WI

SCHE

POI

JUJ

NA

CHI

1

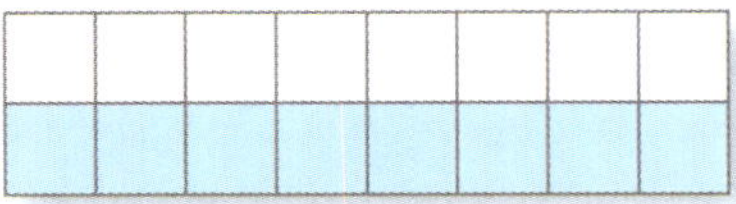

2

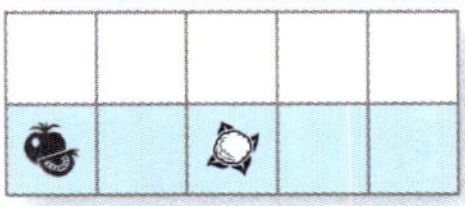

3

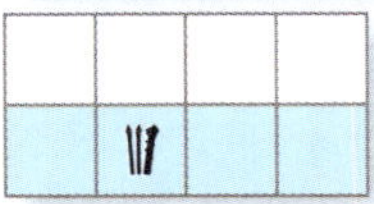

4

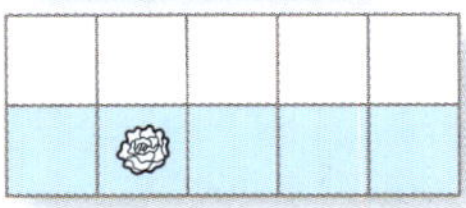

5

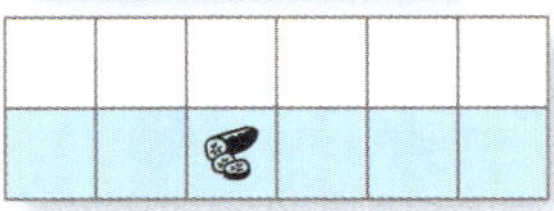

6

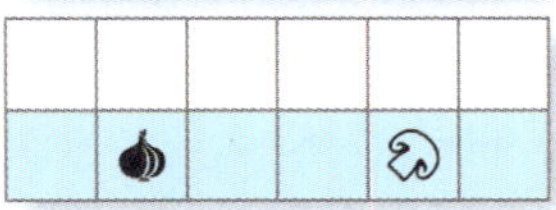

Tutti frutti

Vous avez réussi à réunir tous les ingrédients ? Bravo ! Mais avant de vous concentrer sur l'élaboration du menu, décryptez la révélation finale qui vous inspirera sûrement. Pour cela, restez sur place. Ne faites pas comme certains qui sont partis et ont décrypté dans l'autobus la grille ci-dessous : ils l'ont amèrement regretté.

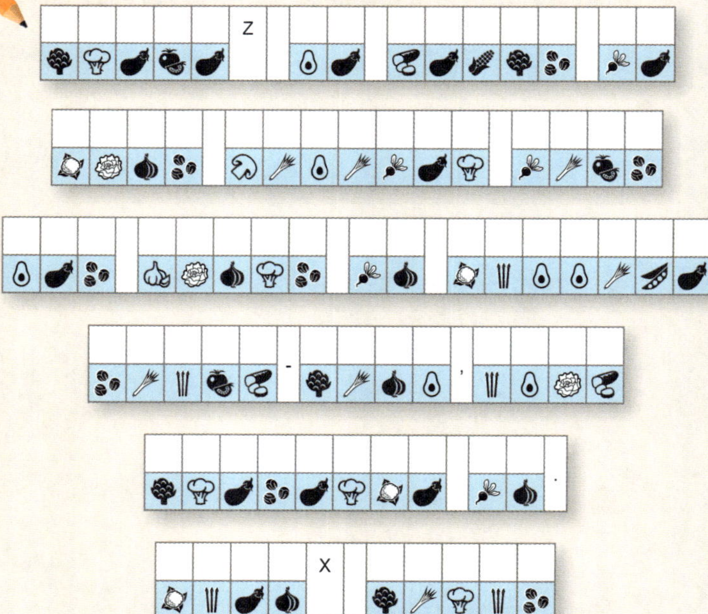

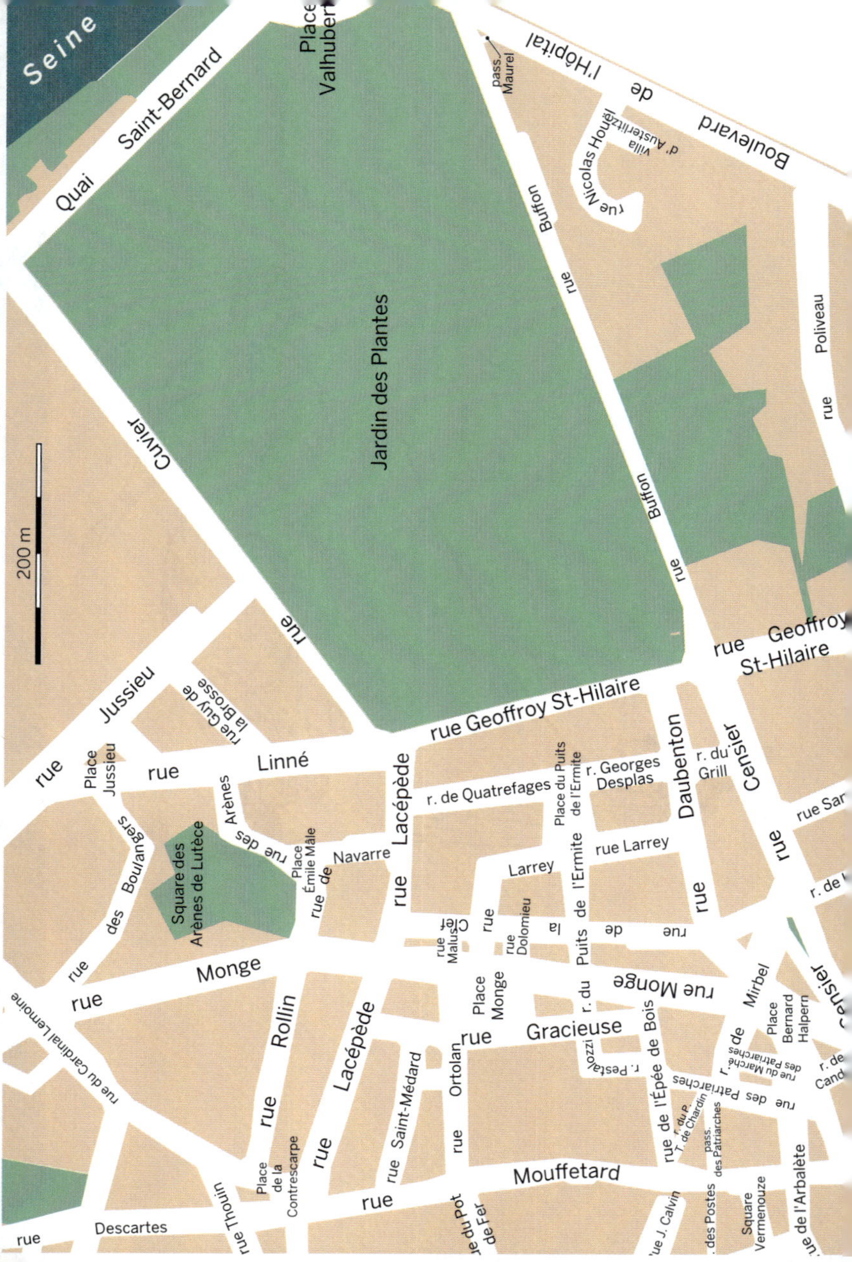

Seine
Quai Saint-Bernard
Place Valhubert
Jardin des Plantes
pass. Maurel
Boulevard de l'Hôpital
villa d'Austerlitz
rue Nicolas Houël
rue Buffon
rue Poliveau
rue Cuvier
200 m
rue Jussieu
rue Guy de la Brosse
rue Geoffroy St-Hilaire
Place Jussieu
rue Linné
rue Lacépède
r. de Quatrefages
Place du Puits de l'Ermite
r. Georges Desplas
r. du Grill
rue Daubenton
rue Censier
rue des Arènes
rue des Boulangers
Square des Arènes de Lutèce
Place Émile Mâle
rue de Navarre
rue Larrey
rue du Puits de l'Ermite
rue Dolomieu
rue de la Clef
rue Malus
rue Monge
Place Monge
rue de Mirbel
Place Bernard Halpern
rue Gracieuse
r. du Pestalozzi
rue de l'Épée de Bois
rue du Marché des Patriarches
rue des Patriarches
pass. des Patriarches
r. du P. T. de Chardin
rue du Cardinal Lemoine
rue Rollin
rue Ortolan
rue Saint-Médard
rue Mouffetard
Place de la Contrescarpe
rue Thouin
rue Descartes
rue du Pot de Fer
rue J. Calvin
r. des Postes
Square Vermenouze
rue de l'Arbalète
r. de Candolle

5e ARRONDISSEMENT

À LA POURSUITE DE L'ANIMAL MYSTÈRE

Un animal de la ménagerie du Jardin des Plantes s'est volatilisé. Problème, vous ne savez pas lequel : la cage était vide, l'étiquette d'identification subtilisée et le gardien assommé et amnésique. Votre mission : dresser, grâce aux indices dispersés dans le quartier, le portrait-robot de l'animal disparu et bien sûr… le retrouver !

DISTANCE ± 1,4 km
DURÉE ± 1h45
DIFFICULTÉ ●●●

1. De quel pays est-il originaire ?

Votre premier réflexe est d'interroger le gardien, encore complètement sonné. Il prononce des paroles incohérentes où il est question de « carpe » et de « plâtre », et brandit un poing serré d'où dépassent quelques morceaux de papier. Ceux-ci seraient-ils tombés de la poche du ravisseur ?

☞ Vous allez : ______________________

La carpe ayant livré son secret, vous voilà sur place. Mais aucun animal en vue ! En observant bien les enseignes, les auvents et les façades, vous pourrez découvrir le pays d'origine de l'animal disparu. Reportez dans la grille les réponses aux questions ci-dessous :

1. Comment se sent le requin ?
2. À quel numéro se trouve la maison fondée en 1748 ?
3. Qui vend de la bière et des burgers ?
4. Quel est le café de l'horloge ?
5. Quelle était la profession de Lacépède ?

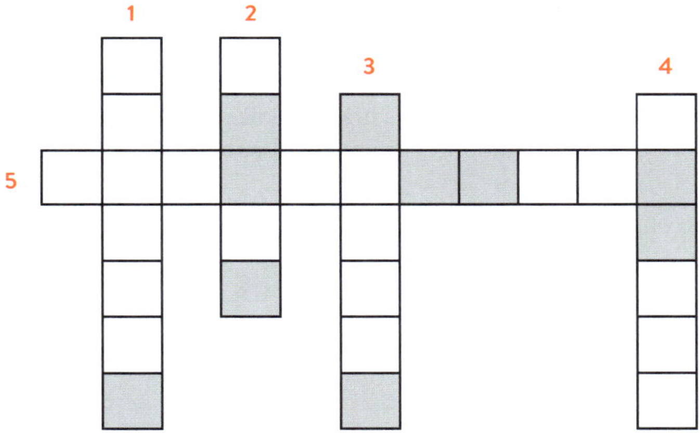

Les lettres des cases grisées, une fois mises dans le bon ordre, forment le nom d'un pays. Reportez-le dans la première ligne de la grille ci-dessous :

			V				E	-		U				E
								-						

Le nom de cette place évoque le souvenir de l'enceinte de Philippe-Auguste, fortification qui protégeait Paris à partir de la fin du XIIe siècle.

2. Quels sont les signes particuliers de l'animal ?

Dire que vous courez après une bestiole sans savoir à quoi elle ressemble ! Un indic' de confiance vous suggère d'aller fureter :

RUE MOUFFETARD

Vous allez : ______________________

L'animal disparu possède deux parties du corps très développées. La première est à chercher dans la définition de L'Arbre du Voyageur, au n° 55 . Comparez le texte ci-dessous avec celui de la vitrine et reportez les lettres manquantes dans la première ligne de la grille :

(ravenala mada_asca_iensis).
Arbre de la fam_lle des musacées dont la base des _euilles en _orme de coupe retient l'_au de pluie pour dé_altérer les voyageurs.

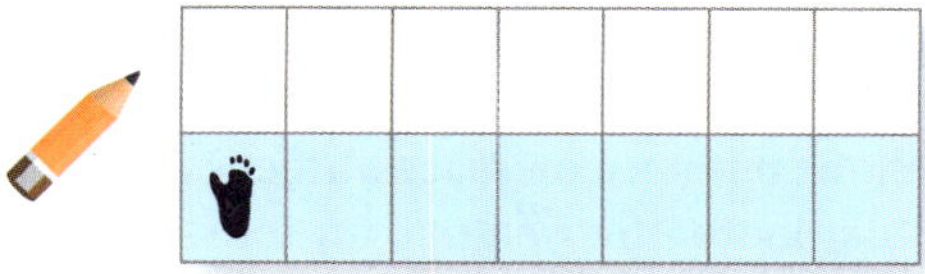

La seconde partie du corps se révèlera sur un panneau « Histoire de Paris », implanté au n° 69 : c'est la dernière syllabe de l'avant-dernier mot de la 1ère ligne (juste sous le trait rouge).

Dans cette rue sont présentes de nombreuses enseignes plus ou moins anciennes, comme cet arbre en bois sculpté au n° 69, qui annonçait au XIXe siècle une auberge baptisée « Au Vieux Chêne ». Cette sculpture est un fac-similé de facture grossière qui remplace l'enseigne originale, disparue au XXe siècle.

3. De quelle couleur est l'animal ?

Votre smartphone bipe : un message s'affiche sur l'écran, plus exactement une photo envoyée par un touriste japonais de passage à Paris. Aurait-il croisé notre bestiole ? Nom d'un chien ! Encore un message codé. Pas question de donner votre langue au chat ; souvenez-vous qu'au pays du Soleil-Levant, on écrit de haut en bas.

Vous allez : ____________________

Vous vous y rendez en vous amusant à compter tous les animaux, morts ou vifs, croisés en chemin. Cela n'apportera rien à votre quête mais le trajet, ainsi, semblera plus court. Une fois arrivé, ne vous attendez pas hélas à ce que la réponse vous tombe toute crue dans le bec ! Là encore, il va falloir ouvrir grand les mirettes, et bien observer la fontaine.

Animal situé à droite de la dame :

Il tient entre ses défenses un gros poisson :

Moyen de transport sculpté dans la frise la plus basse :

Animal situé à gauche de la dame :

Reportez dans l'ordre les lettres des cases grisées dans la grille ci-dessous pour découvrir la couleur dominante de l'animal.

Le sculpteur de ce groupe animalier n'a jamais dû approcher un crocodile de sa vie. A-t-on déjà vu cet animal se dévisser ainsi le cou, sur un angle de 90 ° ? Cette position lui est morphologiquement impossible.

4. À quelle classe l'animal appartient-il ?

Il vous fait tourner en bourrique. Dire que vous ne savez même pas encore à quoi il ressemble ! A-t-il un bec, des poils, des écailles ? Découvrez sans tarder sa classe en suivant les instructions ci-dessous :

1. Allez au jardin du

2. Trouvez un  d'orientation **sur socle (c'est-à-dire ancré dans le sol, et non pas au format papier ou numérique).** Vous en rencontrerez un en suivant l'allée à gauche.

3. Cherchez la 

4. Rendez-vous en ce lieu.

Vous allez : ______________________________

Y êtes-vous ? Vous devriez vous trouver dans une contre-allée peuplée de cailloux. Détaillez attentivement les vignettes ci-dessous : seules trois d'entre elles se rapportent à des éléments visibles ici. L'autre est un intrus, barrez-la. Les lettres correspondant aux éléments présents, une fois remises dans le bon ordre, vous livreront la classe de l'animal.

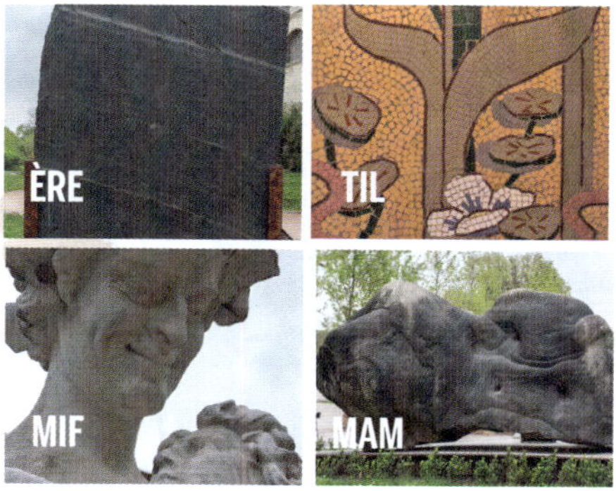

Parmi les roches exposées dans cette allée figure un minéral un peu différent des autres puisqu'il fut un jour vivant. Saurez-vous reconnaître ce tronc d'arbre fossilisé ?

5. De quelle espèce s'agit-il ?

Cette quête va vous faire devenir chèvre ! Alors que vous pensiez être dans l'impasse, un pigeon voyageur soudain, lâche une bricole à vos pieds. N'en déplaise aux mauvais esprits, ce n'est pas une fiente mais un petit rouleau de papier que vous dépliez aussitôt :

Jardin
des Plantes

Est-ce du lard ou du cochon ? Renseignement pris, ce lieu existe vraiment. Vous y courez (tout droit, en direction de la Seine) avec l'espoir d'y trouver... euh... ben, vous verrez bien !

Vous allez : ______________________________

Ce carrousel vise à sensibiliser le public sur le sort des animaux disparus ou menacés d'extinction.

Il se peut que l'attraction soit bâchée mais peu importe, des animaux vous y attendent tout de même, à gauche, sur un panneau. L'animal volatilisé, ils le connaissent et l'ont vu passer. Mais comment se faire comprendre ? Ils ne maîtrisent pas la langue des hommes. Ah si ! Ils ont trouvé un truc : ils vont épeler le mot en donnant des coups de pattes ou de bec. Le lion, par exemple, frappera 1 coup pour la lettre L ou 2 coups pour la lettre I ou 3 coups pour le O. Prêts ? Écoutez bien :

Soyez discrets et respectueux du lieu, en veillant à ne pas gêner les clients ni froisser la susceptibilité du gérant de l'attraction.

Il s'agit d'un :

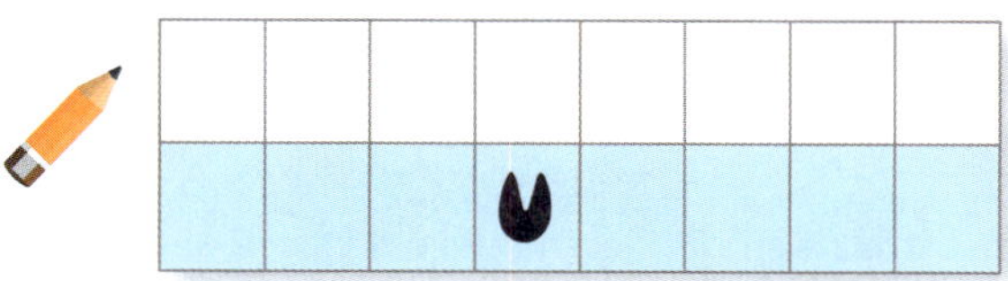

Il manque la première lettre ? Évidemment, si on avait commencé par elle, malin comme vous êtes, vous n'auriez pas écouté les animaux. Reste à savoir où vit notre bestiole. Vous le découvrirez très bientôt.

Revenez sur vos pas sur quelques mètres en observant les bancs implantés à gauche de l'allée. Chacun possède une petite plaque vissée sur l'assise. Cherchez celle qui parle de gourmandise. Vous l'avez localisée ? Comptez sur cette plaque les mots et les lettres pour savoir où l'animal aime se réfugier. (Par exemple, 4 ; 3 signifie qu'il faut compter le 4e mot et prendre la 3e lettre de celui-ci.)

9 ; 1 :	2 ; 5 :	3 ; 1 :
3 ; 1 :	3 ; 4 :	1 ; 4 :
8 ; 2 :	4 ; 1 :	5 ; 1 :
4 ; 1 :		2 ; 3 :
		7 ; 2 :
		4 ; 1 :

À l'occasion du renouvellement du mobilier urbain du jardin entrepris en 2009, un mécénat fut lancé, sous forme de parrainage… de banc. Chaque donateur s'est vu attribuer un banc (à l'emplacement de son choix) accompagné d'une plaque de reconnaissance gravée de son nom et d'un court message de son choix : déclaration d'amour, hommage à un proche, maxime philosophique, poème bucolique…

À poils ou à plumes ?

Vous savez enfin à peu près à quoi ressemble l'animal disparu. Dessinez ci-dessous son portrait :

Il ne vous reste plus qu'à décrypter son nom :

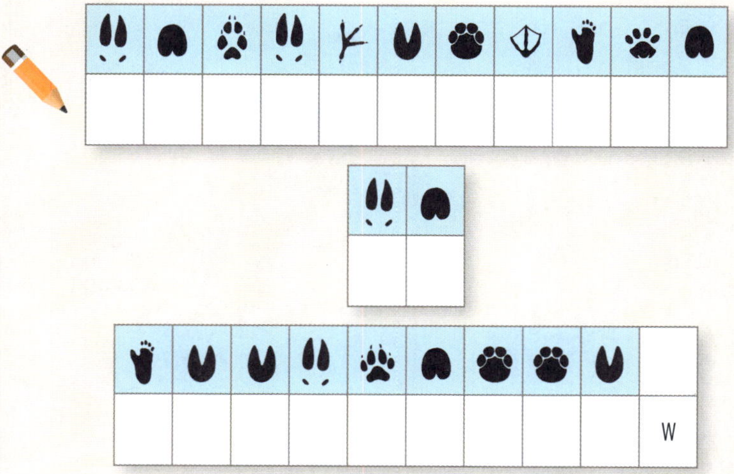

Mais depuis le temps que vous le cherchez, peut-être a-t-il réintégré sa cage, dans la ménagerie du Jardin des Plantes... Allez donc y jeter un coup d'œil, c'est à deux pas !

rue St-André-des-Arts
r. Gozlin
Place J. Copeau
rue des Ciseaux
Place d'Acadie
rue de Montfaucon
rue du Four
rue Clément
rue Princesse
rue Mabillon
rue Félibien
rue Toustain
r. Grégoire de Tours
rue de l'Ancienne Comédie
cour du Commerce St-André
cour de Rohan
rue du Jardinet
rue de l'Éperon
rue Suger
Boulevard St-Germain
rue Danton
rue Mignon
Place H. Mondor
Bonaparte
r. des Canettes
r. Guisarde
rue Lobineau
rue des Quatre Vents
Carr. de l'Odéon
rue Dupuytren
rue de l'École de Médecine
r. Hautefeuille
rue St-Sulpice
Place St-Sulpice
rue Palatine
rue Garancière
rue de Tournon
rue de Condé
rue de l'Odéon
rue A. Dubois
rue C. Delavigne
rue Monsieur le Prince
rue Crébillon
rue H. de Jouvenel
r. Servandoni
rue du Canivet
rue Férou
all. du Séminaire
rue Regnard
Place de l'Odéon
rue Racine
rue Rotrou
r. Corneille
Place P. Claudel
rue de Vaugirard
rue de Médicis
Place Edmond Rostand
rue Guynemer
Jardin du Luxembourg
Bd Saint-Michel
rue Auguste-Comte
Place André-
200 m

6e

ARRONDISSEMENT

LE DICTIONNAIRE DE JURONS

Vous êtes lexicographe, spécialisé dans le recensement et l'étude des jurons et des injures. Vous les avez compilés dans un dictionnaire que vous envisagez de présenter à ces messieurs de l'Académie. Une somme, un corpus qui fera référence parmi les chauffards, malotrus, collégiens et autres mauvais coucheurs. Vous avez bien évidemment référencé les bachi-bouzouks et autres jarnicoton mais vous sentez qu'il vous manque encore quelques formules tombées aux oubliettes de la mémoire collective.

DISTANCE ± 1,3 km
DURÉE ± 2 h15
DIFFICULTÉ ●●●

1. Tonnerre de Brest !

Un ami juriste en a justement repéré deux spécimens qu'il vous suggère d'aller cueillir sans tarder. À force de fréquenter le Code civil, votre ami a l'esprit un peu tordu et il n'a pu s'empêcher de crypter le nom de la rue. Songez à sa profession : il est avocat (A vaut K).

A	B	C	D	E	F	G	H	I	J	K	L	M	N	O	P	Q	R	S	T	U	V	W	X	Y	Z
K																									

BEO POBYE

Vous allez : ______________________________

Vous y êtes ? Dirigez-vous vers le Navire Aviné et cherchez dans ses cales un mot désignant une action méchante et un autre désignant un homme grossier. Pour cela, comptez les lignes et les mots.

41 ; 9
44 ; 4

Notez le premier mot dans la première ligne de cette grille :

سل			⇧		₪			

Faites de même pour le second :

♠	†			

2. Triple buse

Dans l'imagination des marins calligraphes, le vent soufflait dans un certain sens. Dirigez-vous dans le sens opposé, vent debout et droit devant. Quelques embruns, à bâbord, vous éclabousseront peut-être. N'en ayez cure et maintenez le cap jusqu'à l'angle d'une rue que l'on peut qualifier de désaltérante.

Vous allez : ______________________________

Jetez-y l'ancre et regardez autour de vous, y compris sous l'auvent du café.

« Je suis rectangulaire, bleue, verte, blanche et… incomplète. Reconstituez-moi ».

1				2

		4			6	

		5		3

Les lettres grisées, une fois rangées dans le bon ordre, forment une insulte désignant un homme ou une femme stupide. Notez-le dans la grille :

1	2	3	4	5	6
↔		≈	■		

3. Physique ingrat

Sur le mur de l'église, à moins de 45 pas (pointure 37) de cette plaque, s'en trouve une autre. Elle est située à hauteur d'yeux mais rares sont ceux qui la voient et pour cause ! Elle vous indique la direction à prendre. Le lieu précis où vous devez vous rendre est à déchiffrer à partir de l'alphabet qui lui est associé.

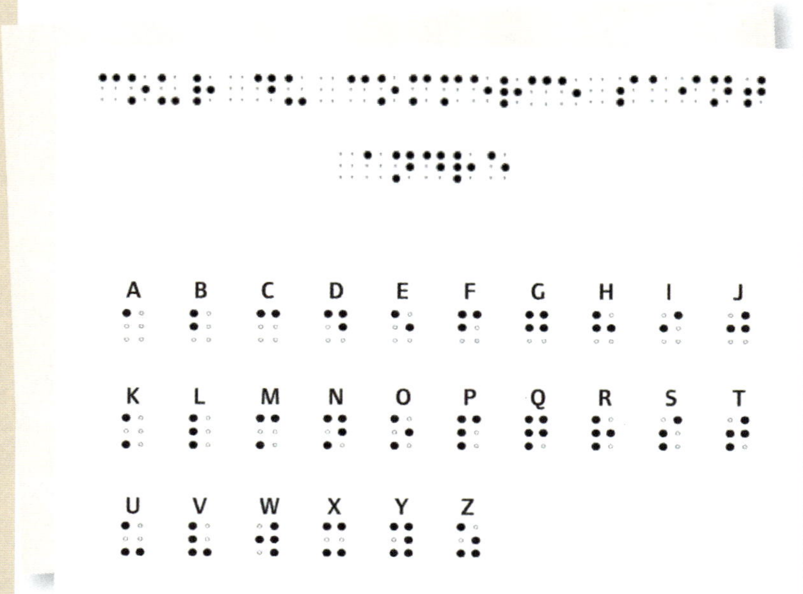

Vous allez : ______________________________

Pourquoi s'engouffrer dans ce passage pavé ? Parce que c'est là que vous attend une savoureuse injure. Observez ces photos et entourez la syllabe associée aux éléments visibles dans le passage. Barrez les syllabes des détails que vous ne voyez pas. Reportez ensuite dans la grille, dans l'ordre, les syllabes retenues (= éléments visibles).

FI

FRE

TUC

AVE

LIN

	⊙				Ψ		

Le plus célèbre établissement de ce passage est aussi le plus vieux café de Paris. Fondé en 1686, il servait dans un cadre élégant et raffiné diverses boissons curieuses pour l'époque qui firent sensation comme le café, le thé, le chocolat, les jus de fruits, la limonade et les vins exotiques ainsi que les sorbets et les fruits confits.

4. Le dernier des goujats

Votre téléphone vibre pour signaler une notification. Un « ami » vous indique un attroupement inhabituel « au n° 36 de la plus longue rue de Paris, celle qui rime avec pinard ou épinard ». Mouais.... Ça rime aussi avec bobard mais allez voir tout de même, on ne sait jamais. Peut-être pourrez-vous y glaner quelque juron fleuri.

Vous allez : ____________________

Le temps que vous arriviez, la foule s'est dispersée. Plus personne sous les arcades, rien qu'un truc bizarre incrusté dans le mur, à hauteur d'yeux. Dans la plaque qui l'accompagne se loge le qualificatif d'un individu rustre et grossier. Pour le trouver, comptez les mots et les lettres. Par exemple 5 ; 8 signifie qu'il faut compter le 5e mot et en extraire la 8e lettre.

15 ; 1 :	☐	1 ; 3 :	☐	13 ; 7 :	☐
2 ; 3 :	☐	4 ; 2 :	☐	1 ; 2 :	☐
2 ; 4 :	☐	13 ; 6 :	☐	2 ; 2 :	☐

Recopiez ces lettres dans la grille pour voir apparaître le mot :

	¤						.:	↕

Sous l'Ancien Régime, une joyeuse pagaille régnait en matière de mesures. Pour parler d'une longueur, on comptait en pouce, en pied, en toise, en lieue (pour les trajets), en aune (pour les étoffes)… Autant de mesures dont la valeur, de surcroît, variait d'une région à l'autre. En 1795, à la demande des commerçants qui réclamaient l'uniformité des poids et mesures (la mode étant à l'égalité), la Convention institua le système métrique.

5. Précieuse ridicule

Votre dictionnaire manque singulièrement de qualificatifs féminins. Parité oblige, il faut y remédier. Dirigez-vous vers un grand jardin entouré de hautes grilles noires et dorées. À l'intérieur, guettez les panneaux fléchés et choisissez la bonne direction :

Vers l'École des Mines
Entre grilles et
Rucher,
Gourmand
Enclos incurvé où règnent
Reinettes, d'api et boskoops

Observez les étiquettes d'identification, derrière le grillage, dans l'enclos incurvé le plus proche de la rue d'Assas. Ces étiquettes vous révèleront comment qualifier une mijaurée un tantinet prétentieuse.

Variété obtenue en 1653,
j'arrive à maturité
de novembre à janvier.
J'ai un port U simple
et mon arbre a été planté
en 1996.

1 et 4	2		5	7							9

	10		8	6				3

Reportez les lettres numérotées dans la grille ci-dessous :

1	2	3	4	5	6	7	8	9	10

Pour ne pas faire de jaloux, voyons enfin comment désigner son équivalent masculin, soit un jeune élégant désœuvré passablement ridicule et présomptueux.

Variété obtenue en 1880,
j'arrive à maturité
en décembre et janvier.
J'ai un port U double
et mon arbre a été planté
en 1970.

1		5								4		3 et 6

Reportez les lettres numérotées dans la grille ci-dessous :

1	A	3	4	5	6
Θ			Ш		◊

Aucun autre jardin parisien n'est aussi ouvert aux activités ludiques et sportives. Dès le XVIIe siècle, on y pratiquait déjà des jeux de balle et de boule. Le consul Bonaparte l'affecta au « plaisir de l'enfance » et en 1818, on y applaudit la première course de draisiennes.

Parade imparable

Grâce à vos investigations, le corpus de jurons s'est étoffé de beaux spécimens, rares, oubliés ou pittoresques. L'Académie des arts et des lettres appréciera. Pour vous récompenser de vos tribulations, nous vous livrons une réponse clé en main à dégainer en parade à une insulte. Drôle et élégante, elle fut utilisée par un ex-président de la République. Face à un individu qui venait de le traiter de « connard », il répliqua :

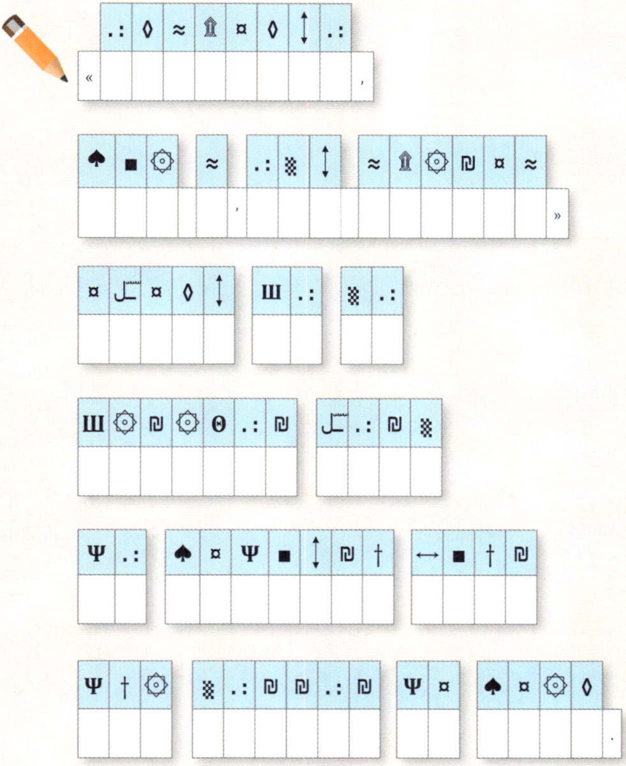

Seine
Quai Anatole France
Pont Royal
rue de Courty
rue de Lille
Boulevard Saint - Germain
rue de Solférino
rue de Bellechasse
rue de Lille
rue de Poitiers
rue de Verneuil
rue du Bac
rue de Beaune
rue Saint Dominique
Place Jacques Bainville
rue de Villersexel
rue de l'Université
rue Las Cases
rue de Bellechasse
imp. de Valmy
rue Gaston Gallimard
rue Montalembert
passage de la Visitation
rue de Saint Simon
rue de Gribeauval
rue Paul Louis Courier
Place Saint-Thomas d'Aquin
imp. Paul Louis Courier
rue St Thomas d'Aquin
rue de Bellechasse
Boulevard Saint - Germain
rue de Luynes
sq. de Luynes
Boulevard Raspail
rue Saint Guillaume
rue du Bac
rue de Varenne
cité de Varenne
square de la Rochefoucauld
rue du Bac
rue de Narbonne
rue de la Planche
rue de la Chaise
square Chaise Récamier
rue des Saints Pères
rue de Commaille
square des Missions Étrangères
rue Récamier
rue Chomel
rue de Babylone
rue de Babylone
200 m

7e ARRONDISSEMENT

LE DÎNER DE L'AMBASSADEUR

Vous dirigez une start-up au développement prometteur. Grâce à votre réseau de connaissances, vous avez réussi à vous faire inviter à dîner chez un ambassadeur. Cette réception sera assurément un tremplin pour votre carrière car vous avez des visées à l'international. Cependant, vous n'arrivez plus à mettre la main sur le carton d'invitation et sans lui, impossible de vous rendre au dîner car des consignes très strictes y étaient mentionnées.

DISTANCE ± 1,3 km
DURÉE ± 1h45
DIFFICULTÉ ●●●

1. Une introduction protocolaire

Vous appelez à la rescousse Thibault de Beaujabot, un de vos amis attaché d'ambassade qui fait lui aussi partie de la liste des invités. Hélas, il n'apprécie guère d'être dérangé en pleine partie de golf et répond en mode lapidaire :

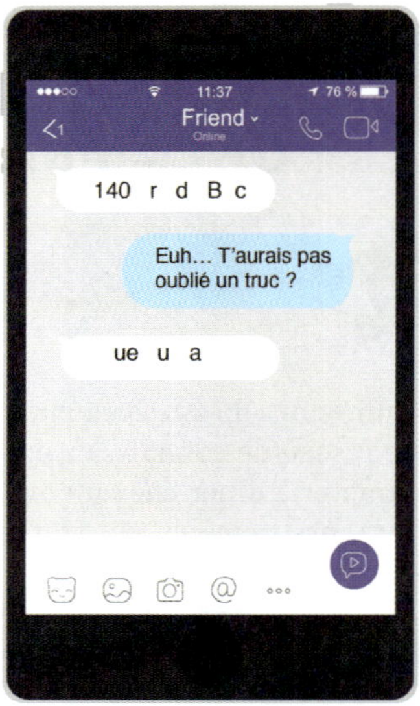

Vous allez : ______________________________

Catherine Labouré est à Paris ce que Bernadette Soubirou est à Lourdes. En 1830, la Vierge serait apparue à cette novice de 24 ans en lui confiant la mission de faire frapper une médaille. Ceci fait, de multiples guérisons et conversions se produisirent. Plus de deux millions de pèlerins viennent chaque année s'agenouiller devant la châsse contenant la dépouille recouverte de cire de la sainte et acheter la médaille.

Cette adresse draine un flux incessant de personnes qui semblent aspirées par une impasse. Laissez-vous emporter par le flot et observez ce qui vous entoure. Cela devrait vous permettre de mettre dans l'ordre les images ci-dessous et par là de découvrir comment vous annoncer au maître d'hôtel de l'ambassade.

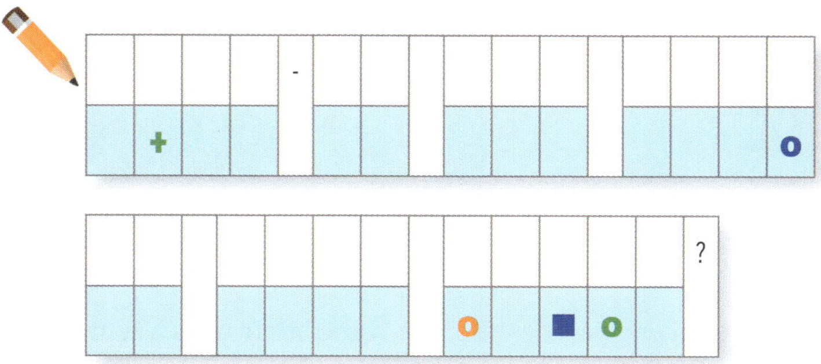

Prononcée à haute voix, cette phrase prouve à quel point votre hôte est taquin. Vous n'êtes pas au bout de vos peines. Puisez dans l'ambition qui vous habite l'élan nécessaire pour continuer.

2. Un cadeau sur mesure

En quittant cette pieuse impasse, tournez à gauche puis longez la rue jusqu'à ce qu'elle en croise une autre. Là, laissez-vous guider par cette photo :

Empruntez la rue correspondant exactement à la photo et dirigez-vous vers les drapeaux tricolores. Face à eux s'ouvre un portail.

Franchissez-le, il vous conduira au : ______________

Lors d'une réception, il est de bon ton d'offrir un présent à l'hôtesse. L'épouse de notre ambassadeur étant de nature très susceptible, il s'agit de ne point la froisser. Ce pourquoi le carton d'invitation suggérait une idée de cadeau à coup sûr apprécié. Lequel ? Pour le savoir, observez les photos ci-contre et cherchez sur les arbres fruitiers les étiquettes correspondantes. Les lettres effacées sur les photos formeront, une fois rangées dans l'ordre, le nom du cadeau conseillé.

Vous miserez sur la gourmandise de l'hôtesse en lui offrant un :

							T	
◆		◆		o	■			

En cet enclos cerné de hauts murs se trouvait le potager de l'ancien couvent des Filles de la Charité.

3. B.A. BA de la courtoisie

Grâce à votre perspicacité, les éléments mentionnés sur le bristol perdu refont peu à peu surface. Continuez votre quête en revenant :

Tournez à gauche et avancez toujours tout droit dans cette rue sur plusieurs centaines de mètres jusqu'au croisement de la rue de :

À une intersection, vous serez en présence d'une pharmacie, d'une boulangerie, d'une brasserie et d'une agence immobilière.

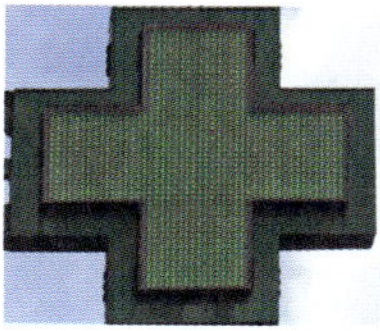

À chacun de ses commerces sont associées deux initiales. Choisissez de passer entre GD et EK. Mais avant de vous engager dans la rue, lisez le panneau directionnel marron scellé devant EK : il vous indiquera précisément l'endroit où vous devez vous rendre.

Vous allez : ______________________________

Sur l'esplanade, deux musées se font face. Interrogez d'abord les statues, elles vous apprendront comment dire « Bonsoir ! » dans la langue de vos hôtes.

- Le sculpteur de l'Amérique du Nord se nomme ☐ _ _ _ _ _.
- Le 9e pays figurant sur le blason de l'Amérique du Sud est le _ _ _ _ _ _ _ ☐.
- L'animal figurant sur le blason de l'Europe est un _ _ _ ☐ _ _.
- L'animal escortant l'Océanie est un _ ☐ _ _ _ _ _ _ _ .
- L'Asie tient dans sa main droite une _ _ ☐ _ _ _ _ _ _.
- Sous le pied droit de l'Amérique du Sud, il y a une profusion de _ _ _ ☐ _ _ .
- Derrière l'Europe, posée sur un livre, se trouve une _ _ ☐ _ _ _ _.
- L'Afrique pose son pied sur une _ _ _ ☐ _ _.
- L'Europe est coiffée d'un _ ☐ _ _ _ _ .
- Les animaux escortant l'Asie sont deux _ _ _ _ _ ☐ _ _ _.

Reportez les lettres dans les cases dans la grille ci-dessous, dans l'ordre, puis exercez-vous à énoncer ce « bonsoir » en sachant que « y » se prononce comme « u » et « ä » comme « è ».

			"	"						
■	o	◆						■		◆

Les statues allégoriques, commandées pour l'Exposition universelle de 1878 et réalisées par six sculpteurs différents, ont en commun une poitrine largement dénudée, à l'exception de l'Europe. Ce parti pris artistique est significatif de la position dominante du Vieux Continent. C'était une façon de souligner sa supériorité en matière de civilisation.

4. *Dress code* de rigueur

L'heure de la réception approche. Il est temps de vous inquiéter de la tenue que vous allez porter. Le bristol mentionnait un *dress code* bicolore. Heureusement, vous n'avez pas besoin de vous déplacer pour en connaître le détail : une façade tout proche habillée de rectangles noirs guidera votre choix. Procédez par élimination pour trouver ces deux couleurs. Pour vous faciliter la tâche, listez d'abord ci-dessous les noms des ordres visibles sur la façade puis rayez-les au fur et à mesure.

Les couleurs que nous sommes :

- ne sont associées à aucun ordre faisant référence à un animal, à une fleur ni à un saint.
- ne côtoient aucune pierre précieuse.
- ne sont pas couronnées.
- s'inscrivent dans un cercle parfait.

Nous sommes le :

		+	

et le :

■				◆

5. De quelle ambassade s'agit-il ?

Il serait grand temps de le savoir. Étant donné que ce pays possède 1 126 km de côtes, nous vous invitons à vous rapprocher de l'eau par le chemin le plus direct qui soit.

Vous allez : ______________________________

Retrouvez au sol cet abécédaire qui, sous vos yeux, prendra de belles couleurs.

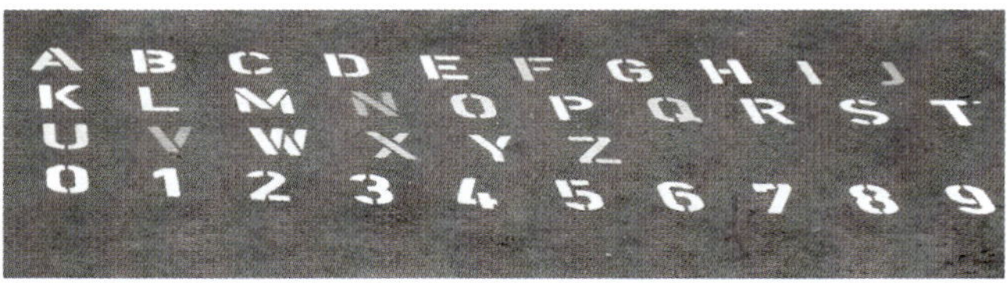

Si vous n'êtes pas daltonien, les pastilles colorées ci-dessous vous révèleront le nom du pays.

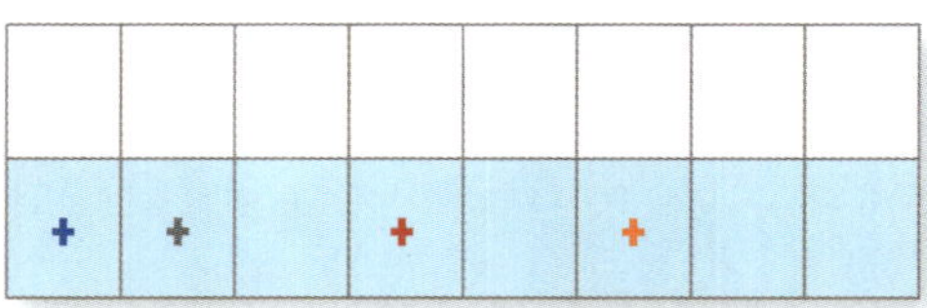

Au pas, au trot, au galop !

Grâce aux indices glanés tout au long de cette quête, vous pouvez décoder l'alphabet crypté et par là connaître en avant-première l'annonce faite ce soir par l'ambassadeur devant un parterre choisi d'invités :

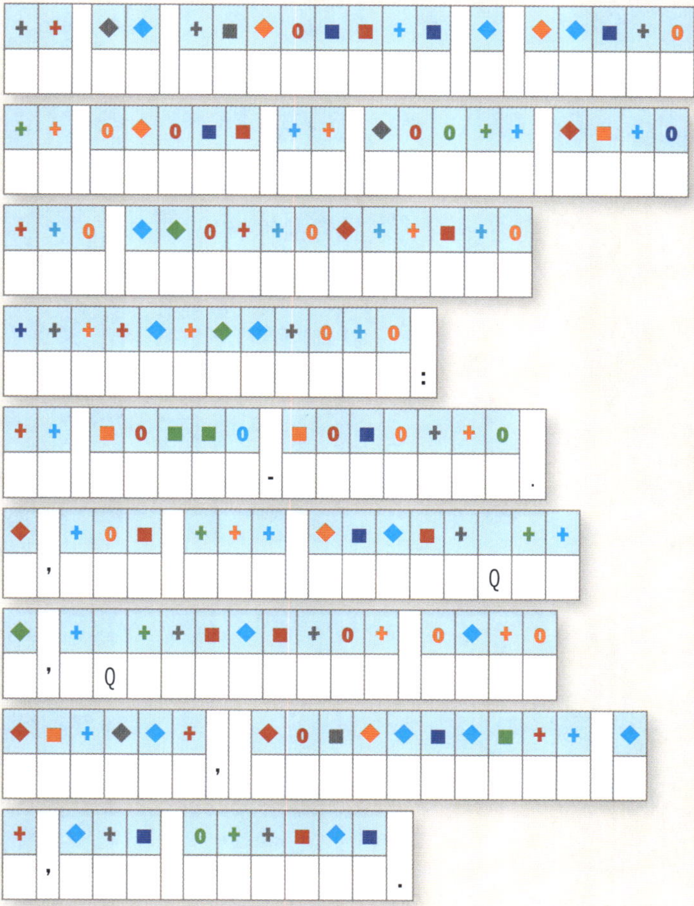

rue Royale
rue Boissy d'Anglas
Place de la Concorde
Pont de la Concorde
Avenue Gabriel
Avenue des Champs - Élysées
Av. Edward Tuck
Avenue Dutuit
Av. Charles Girault
Petit Palais
Avenue de Marigny
Théâtre Marigny
Place Clemenceau
Av. Winston Churchill
Cours La Reine
Pont Alexandre-III
Grand Palais
Palais de la Découverte
Av. de Selves
Théâtre du Rond Point
Place du Canada
Pont des Invalides
Avenue Franklin Delano Roosevelt
200 m

8e
ARRONDISSEMENT

HISTOIRE D'EAUX

Un fait-divers secoue les Parisiens : depuis quelques jours, les eaux des fontaines du 8e arrondissement prennent la nuit venue une teinte inhabituelle : elles jaillissent en un violet phosphorescent, produisant un effet visuel spectaculaire. L'œil du badaud s'en réjouit mais l'administration municipale s'en inquiète, d'autant qu'elle ne parvient pas à comprendre le phénomène : les réservoirs de la Ville ne sont pas touchés, le canal Saint-Martin épargné lui aussi et l'eau des rivières acheminée par les aqueducs demeure limpide. La plaisanterie commence à faire grincer des dents. C'est là que vous intervenez en tant que détective privé, missionné par une municipalité désemparée.

CONDITIONS D'ACCÈS :
Un des lieux est inaccessible le lundi.
Ouvert le reste de la semaine de 10h à 17h15.

DISTANCE ± 2,2 km
DURÉE ± 1h15
DIFFICULTÉ ●●●

1. À la source du canular

Alors que vous vous demandez par quel bout prendre l'affaire, un billet anonyme vient se poser sur la porte de votre agence :

Étant donné que pour l'instant, aucune autre piste ne se profile, vous foncez à l'endroit indiqué.

Vous allez : ______________________________

Remarquez sur les statues l'harmonie des couleurs, obtenues grâce à une peinture spéciale imitant diverses teintes de bronze : bronze florentin (brun foncé) pour la « chair » des statues, bronze vénitien (vert) pour leurs habits, bronze doré pour les accessoires et les fioritures.

Dirigez-vous en toute logique vers l'élément liquide, jaillissant au plus près de l'hôtel de la Marine. Observez attentivement les statues et répondez aux questions suivantes :

Reportez dans la première ligne de la grille ci-dessous les lettres associées à un numéro. Celui-ci correspond à la place de la lettre dans la grille. Un mot se dessine, à n'en pas douter celui de la substance chimique déversée chaque soir dans l'eau !

	õ	ơ				◯				ø	

2. Y'a de l'eau dans le gaz

Un employé de l'ambassade américaine vous interpelle. Les fenêtres de son bureau offrent une vue plongeante sur la place, et cet homme a, semble-t-il, un tuyau à vous donner. Le hic, c'est qu'il parle français avec un épouvantable accent :

« Bawn-joor.
Ah-lay duvanh la staytoo
aykesstre du raw-ah de Bell-jik,
pray du key.
Kawn pruh-nay voo ? »

Après lui avoir fait répéter quatre fois, vous saisissez enfin que vous devez vous rendre :

____

(en prenant garde de traverser
dans les passages piétons pour ne pas vous faire écraser).

Le nom de cette large avenue parallèle au fleuve fait référence à Marie de Médicis. Jusqu'en 1616, il y avait ici des cultures maraîchères. La souveraine fit aménager une promenade composée d'une allée principale et de deux contre-allées bordées d'ormes. Cette promenade, que l'on appelait un cours, était fermée à ses extrémités par des grilles afin de préserver la tranquillité des personnes de qualité qui s'y rendaient.

Sur place, observez le monument. L'Américain vous a glissé dans la main un schéma qui devrait vous aider à trouver l'auteur de la plaisanterie.

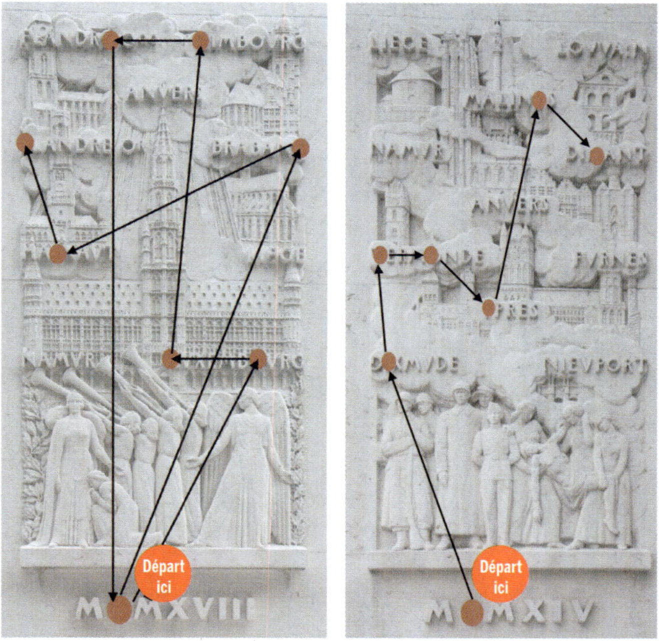

Reportez les deux mots dans la grille. Il s'agit d'une opération menée par un :

							Ő	

		o				

3. Ne vous noyez pas dans un verre d'eau !

En fin limier que vous êtes, vous passez les environs au crible. Heureuse initiative ! Sans cela, vous seriez passé à côté d'un amas de petits papiers jonchant le sol. Un vrai puzzle de mots sens dessus dessous ! On dirait un proverbe. À moins que... ce ne soit un lieu ?

Vous allez : ______________________

Là, ne cherchez pas à passer au-dessus de l'eau. Ouvrez les yeux et cherchez à la base d'un des pylônes une inscription commémorant l'Exposition universelle. Attention, ne vous trompez pas de pylône !

À l'intérieur, se trouve un texte. Comptez les lignes, les mots et les lettres suivant les indications chiffrées. Par exemple : « 4 ; 3 ; 1 » signifie qu'il faut aller à la 4e ligne, prendre le 3e mot et extraire la 1ère lettre de celui-ci. Les lettres formeront le nom de code de l'opération :

Є			Ô	Φ		Θ	

4. La goutte d'eau qui fait déborder le vase

Balayant du regard le port en contrebas, vous êtes intrigué par un matelot gesticulant à la proue d'un bateau. Ses mouvements ne sont pas si désordonnés que ça. On dirait qu'il communique avec l'alphabet sémaphore. Interceptez le message !

Vous allez : ______________________________

Pénétrez à l'intérieur et dirigez-vous vers le jardin. Vous savez désormais avec quoi l'eau des fontaines a été colorée et par qui. Reste à savoir pourquoi. Les auteurs de cette opération commando protestent contre un fléau parisien récurrent. Lequel ? La réponse est à lire dans les fresques qui ornent la voûte du péristyle.

Animal à droite de ce médaillon :

_ _ _ _

4 5 _ 14

Animal à droite de ce médaillon :

_ _ _ _ _ _ _ _

_ _ 11 _ 12 _ _ 7

Saison représentée sur ce médaillon :

_ _ _ _ _ _ _

_ _ 6 _ 2 _ 1

Insecte accompagnant le triton, à gauche de ce médaillon :

_ _ _ _ _ _ _ _ _

9 8 3 _ _ 10 _ _ 13

Reportez dans la grille ci-dessous les lettres associées à un numéro. Celui-ci correspond à la place de la lettre dans la grille.

Ō	¤	•								©			

Les militants ont adopté pour slogan un constat grinçant forgé par l'écrivain Régis Hauser :

Ŏ Ọ

« Eomptc uent ud eombrn ed souchonb,

sariP a leb te nieb été sim ne eouteillb. »

Vous n'y comprenez goutte ? Inversez les premières et dernières lettres de chaque mot, vous y verrez plus clair. Vous gagnerez au passage l'équivalence de deux nouvelles lettres.

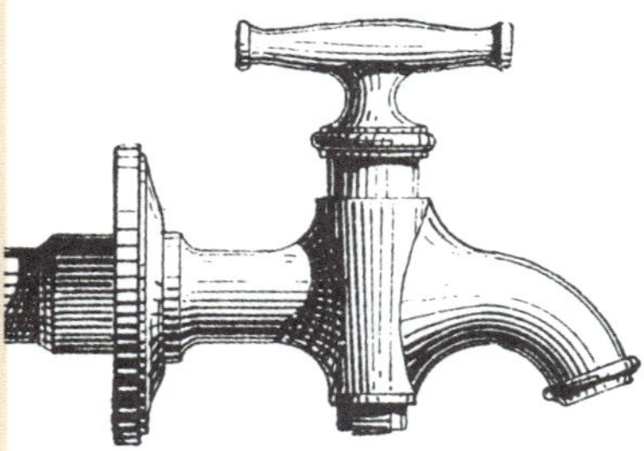

Les fresques ont été réalisées en 1911 par Paul Baudoüin, élève de Pierre Puvis de Chavannes. Elles sont rythmées par des médaillons où figurent les mois alternant avec les heures, et par des allégories représentant les saisons. La mosaïque qui habille le sol et les bassins est l'œuvre du maître mosaïste d'origine italienne Giandomenico Facchina.

Clair comme de l'eau de roche

Vous voilà au jus ! Grâce aux indices glanés tout au long de cette quête, vous pouvez décoder l'alphabet crypté et découvrir une initiative originale déjà expérimentée en Pologne et aux Pays-Bas. Elle ne saurait à elle seule solutionner le problème ci-dessus évoqué mais elle représente une goutte d'eau parmi d'autres, dans l'océan des possibles.

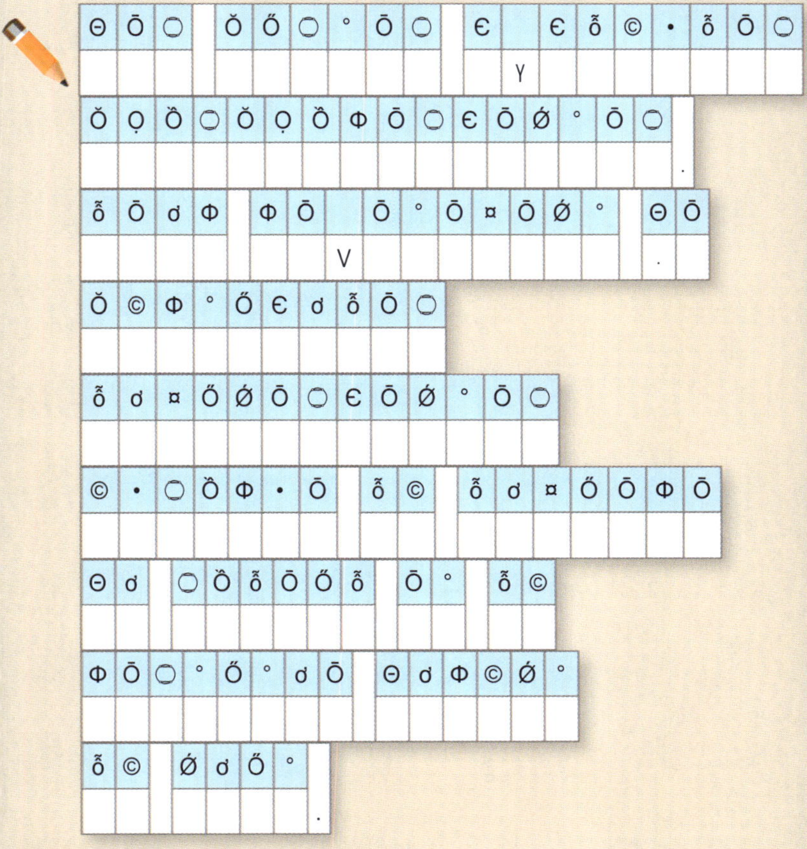

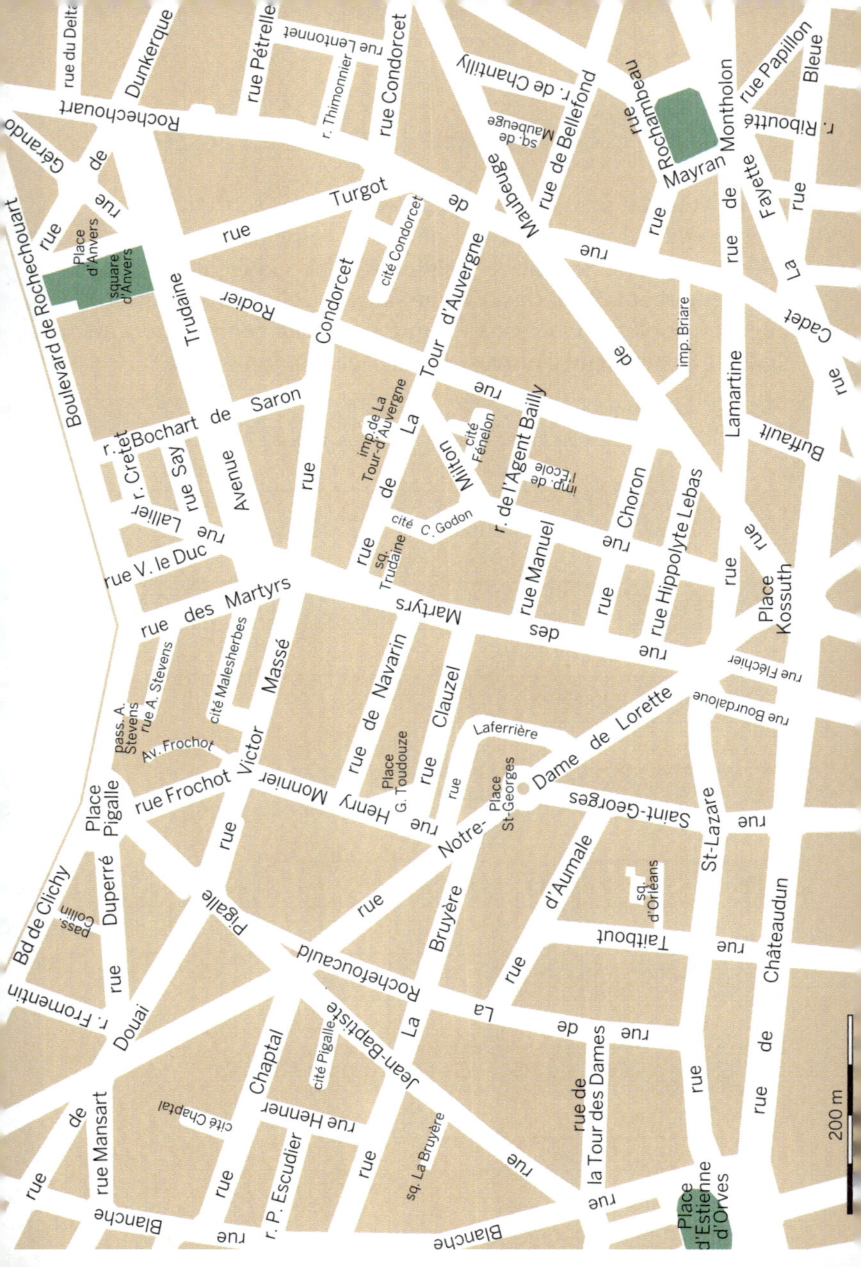
rue du Delta
Dunkerque
rue Pétrelle
rue Lentonnet
rue Condorcet
r. Thimonnier
r. de Chantilly
rue Rochambeau
rue Papillon
Bleue
Rochechouart
Gérando
rue de
sq. de Maubeuge
rue de Bellefond
Montholon
r. Riboutté
Mayran
rue
Turgot
rue
de
Maubeuge
cité Condorcet
Place d'Anvers
square d'Anvers
Boulevard de Rochechouart
Trudaine
Rodier
Condorcet
rue d'Auvergne
rue de
Fayette
rue
La
rue
imp. Briare
Cadet
rue
de
Tour
La
de
rue
rue
Lamartine
Saron
Bochart de
r. Cretet
rue Say
Avenue
rue
imp. de La Tour-d'Auvergne
rue
cité Fénelon
Milton
r. de l'Agent Bailly
imp. de l'École
Choron
rue
Buffault
r. Lallier
rue
cité C. Godon
rue V. le Duc
sq. Trudaine
rue Manuel
rue Hippolyte Lebas
rue
rue
Place Kossuth
rue des Martyrs
Martyrs
des
rue
cité Malesherbes
rue A. Stevens
pass. A. Stevens
Massé
rue de Navarin
Clauzel
rue Fléchier
rue Bourdaloue
Laferrière
Dame de Lorette
Av. Frochot
Victor
rue Frochot
Place Pigalle
Monnier
Henry
rue
Place G. Toudouze
rue
rue
Place St-Georges
Notre-
Saint-Georges
St-Lazare
rue
Bd de Clichy
Duperré
pass. Collin
rue
Pigalle
rue
Bruyère
d'Aumale
sq. d'Orléans
Taitbout
rue
Châteaudun
rue
Rochefoucauld
La
de
rue
r. Fromentin
Douai
Jean-Baptiste
cité Pigalle
Chaptal
rue de la Tour des Dames
rue
rue de
rue
cité Chaptal
rue Henner
de
rue Mansart
rue
r. P. Escudier
rue
sq. La Bruyère
rue
rue
Blanche
rue
Blanche
Place d'Estienne d'Orves
200 m

9e
ARRONDISSEMENT

EN QUÊTE D'INSPIRATION

Vous êtes un compositeur en mal d'inspiration. Vous aimeriez créer quelque chose de différent, de novateur mais… les notes sans cesse vous échappent. Quel thème, quelle mélodie, quel tempo ? En désespoir de cause, vous abandonnez vos partitions raturées et sortez humer l'air du quartier, on ne peut plus approprié : le SoPi (abréviation de « South Pigalle ») comme on le surnomme, est un graal pour mélomanes. Il compte en effet plus d'une centaine de magasins dédiés à la musique : vente et location d'instruments, d'accessoires et de partitions, luthiers et archetiers, réparateurs de guitares… Une flânerie dans les rues, à coup sûr, vous inspirera.

CONDITIONS D'ACCÈS :
Un des lieux est inaccessible le lundi.
Ouvert le reste de la semaine de 10h à 17h30.

DISTANCE ± 2 km
DURÉE ± 2 h
DIFFICULTÉ ●●●

1. Quel type de composition ?

Alors que vous vous demandez quelle direction prendre, un reflet dans une vitrine vous oriente :

Vous allez : ______________________________

À cette adresse s'ouvre la :

T T T T T T

Au XIXe siècle, les locataires de ce lieu étaient soumis à un règlement strict et contraignant. La grille, par exemple, fermait à 22h (impossible de rentrer chez soi au-delà) et il fallait subir la visite régulière d'un inspecteur vérifiant la moralité des habitants. Raison pour laquelle cette cité « modèle » n'eut pas le succès escompté et fut boudée par les ouvriers.

Une « sucette » Decaux, à droite de la grille, en détaille l'histoire. Lisez-la puis complétez les lignes ci-dessous :

Nom de famille de l'abbesse de Montmartre :

_ _ _ _ _ _ □ _ _ _ _ _

_ _ □ _ _ _ □ □ _ _ _ _

Nom de famille de l'architecte avant-gardiste : _ _ _ _ _ □

Nom de famille du souverain à l'origine du lieu :

_ _ □ _ _ _ _ _ _

Adjectif se rapportant à « classe » : _ _ _ □ _ _ □ _ □ _

Si vous avez la possibilité de pousser la grille, explorez avec discrétion les cages d'escalier et la cour de cet atypique ensemble d'habitations.

Une fois remises dans l'ordre, les lettres contenues dans les cases vous révèleront la nature de la future œuvre musicale. Reportez ce mot dans la première ligne de la grille ci-dessous :

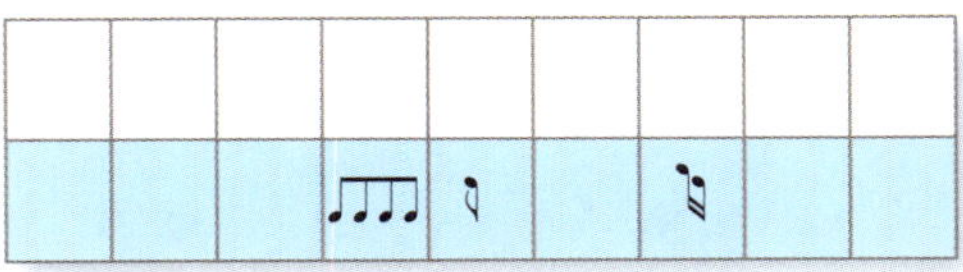

2. Quel genre musical ?

Descendez la rue jusqu'à rencontrer une place triangulaire plantée d'arbres. Là, plusieurs directions s'offrent à vous.

Ne choisissez pas la rue en pente.

Optez pour la rue portant le nom d'un mathématicien du siècle des Lumières.

(Indice : il commence par la 3e lettre de l'alphabet)

Suivez celle-ci dans le sens de la circulation automobile jusqu'au n° 68.

Vous allez : ______________________________

Là, sur la façade, une plaque vous interpelle. Comptez les lignes, les mots et les lettres suivant les indications chiffrées de la partition ci-dessous. Par exemple : « 4 ; 3 ; 1 » signifie qu'il faut aller à la 4e ligne, prendre le 3e mot et extraire la 1ère lettre de celui-ci.

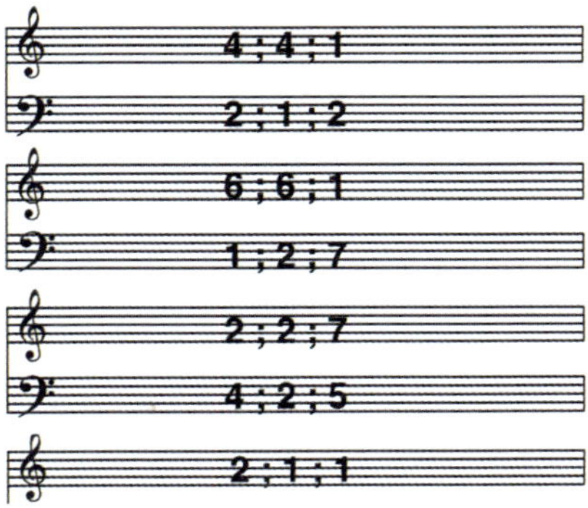

Les lettres formeront un genre musical qui n'attend que votre talent pour être dépoussiéré et remis au goût du jour. Reportez-le dans la grille.

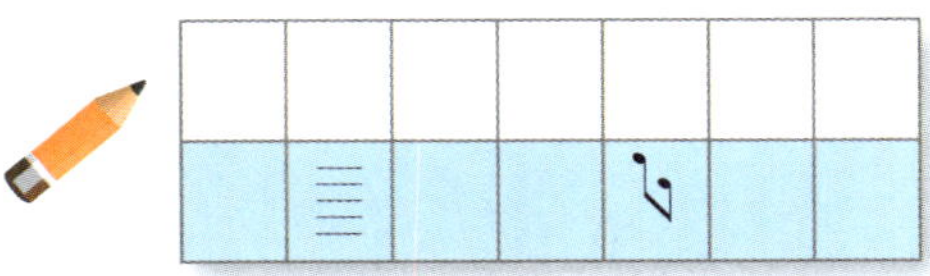

V-le-D a signé son œuvre de façon discrète et subtile : levez les yeux vers la corniche et voyez ce hibou (grand-duc). On appelle cela une armoirie parlante. Cet immeuble aux lignes simples tranche avec les extravagances ornementales dont ledit Eugène fut coutumier.

3. Quels instruments ?

Votre moral remonte en flèche et vous fredonnez déjà les premières notes de votre œuvre future. L'instrumentation reste encore floue. Un souci d'originalité, là encore, vous retient de céder à la facilité. Votre instinct vous conduit dans une voie aussi paisible que méconnue. Laquelle ? Pour le savoir, observez le hibou grand-duc. Vous le verrez mieux en vous plaçant sur le trottoir opposé, côté impair.

- S'il est perché sur une colonne cannelée, rendez-vous au 3 square Trudaine.
- S'il remplace la 3e console en partant de la gauche, allez au 11 cité Malesherbes.
- S'il niche sous le balcon du 1er étage, filez au 7 impasse de la Tour-d'Auvergne.

Vous allez : ______________________________

Les panneaux de lave émaillée de cette façade représentent des scènes bibliques. Cherchez le tableau représenté ci-dessous. Reportez les couleurs aux endroits indiqués sur la fresque. Utilisez au besoin le zoom d'un appareil photo.

1. □ _ _ _
2. _ _ □ _ _
3. _ _ _ □
4. _ _ _ □
5. _ _ _ _ □
6. □ _ _ _
7. _ _ □ R
8. R _ U _ □

Écrivez enfin les lettres encadrées dans la grille ci-dessous pour voir apparaître le nom d'un instrument :

					⌣|	¢	

Procédez de même pour le second instrument :

1. _ _ _ □
2. _ _ □ _ _
3. (couleur des cheveux) _ _ _ □
4. _ _ □ _ _ _

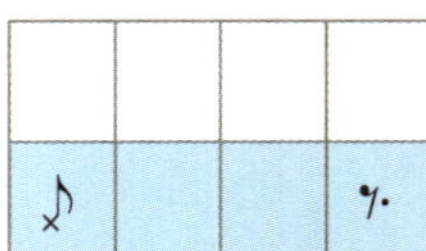

Ces fresques furent initialement conçues pour orner le porche de l'église Saint-Vincent-de-Paul mais elles furent jugées indécentes : trop dénudées, trop colorées. Le peintre Jules Jollivet, furieux de cette mise à l'index, décora en 1858 la façade de son atelier avec des reproductions des scènes bibliques censurées.

4. Quel titre ?

La façade de Jollivet ayant livré tous ses secrets, vous vous apprêtez à quitter les lieux. Mais voilà qu'un bout de papier lancé d'on ne sait où atterrit à vos pieds. Vous le défroissez et découvrez un rébus. Déchiffrez-le (aidez-vous au besoin du plan du quartier) et rendez-vous au lieu indiqué.

PLACE

Vous allez : ______________________________

Observez attentivement ce qui vous entoure. Seuls huit des éléments en photo ci-dessous sont présents autour de vous. Conservez uniquement les syllabes associées aux éléments visibles pour voir apparaître le titre de la future composition musicale. Les syllabes sont ici dans l'ordre :

Reportez dans la grille ci-dessous :

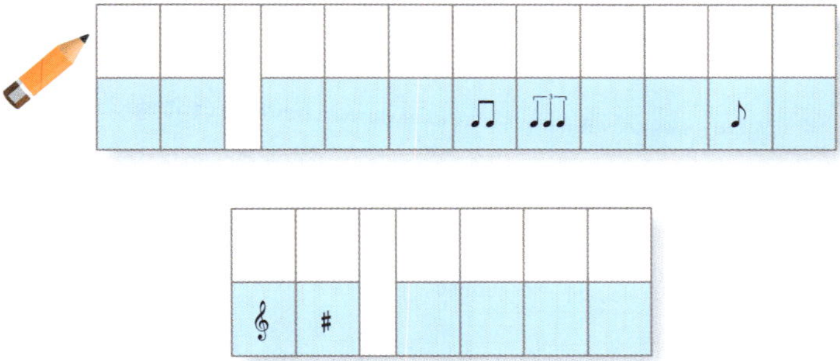

Dans la rue du même nom, vous retrouverez une partie du rébus sur la façade du théâtre, sous le fronton triangulaire, à droite de la tête de dragon.

Vous touchez au but. Seules trois lettres manquent pour décrypter l'alphabet final.
Cherchez sur la place, le long des grilles, une « sucette » Decaux et répondez aux questions :

Quels animaux venaient s'abreuver dans la fontaine centrale ?

□ _ _ _ _ _ _

Style de l'immeuble construit par Renaud :

_ _ _ _ _ □ _ _

Surnom de la courtisane adulée :

_ _ _ □ _

Reportez les lettres, dans l'ordre, dans la grille :

Accordons nos violons

Grâce aux indices glanés tout au long de cette quête, vous pouvez décoder l'alphabet crypté et découvrir une adresse parfaite pour composer cette œuvre singulière et très personnelle. Ce lieu est « habité » par l'âme de nombreux artistes, parmi lesquels de nombreux musiciens. La rue qui y mène n'est pas en reste : deux compositeurs contemporains y ont vécu, comme en témoignent des plaques.

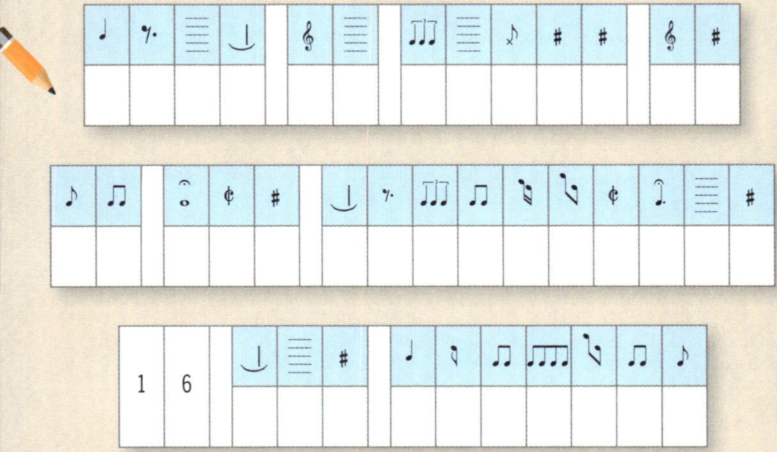

Place de Valenciennes
r. de Valenciennes
r. des Deux Gares
pass. Delanos
rue du Faubourg-St-Denis
rue des Petits Hôtels
Boulevard
rue d'Alsace
Gare de l'Est
rue du Faubourg Saint-Martin
rue du Terrage
imp. Boutron
r. Monseigneur Rodhain
rue Robert Blache
Quai de Valmy
rue Georg Friedrich-Haendel
rue des Écluses St-Martin
rue de Chabrol
cité de Chabrol
cour de la Ferme St-Lazare
pass. de la Ferme St-Lazare
rue du Huit Mai 1945
Av. de Verdun
Place Raoul Follereau
Square de Verdun
rue Commandant Mortenol
Canal Saint-Martin
Quai de Jemmapes
Hopital Saint-Lazare
Square Alban Satragne
Magenta
rue Saint-Laurent
all. du Canal
Jardin Villemin
imp. Chausson
rue de Hôpital St-Louis
rue Sibour
rue des Récollets
rue de Paradis
rue du Faubourg-St-Denis
r. de la Fidélité
Square St-Laurent
cité Héron
rue de la Grange aux Belles
rue Martel
rue Jarry
Pass. des Récollets
Passage Dubail
Hopital Saint-Louis
pass. du Désir
Bd de Strasbourg
Boulevard Magenta
Sampaix
Quai de Valmy
rue
rue Bichat
rue des Vinaigriers
rue du Fbg Saint-Martin
cité St-Martin
rue Lucien
r. Jean Poulmarch
Quai de Jemmapes
rue du Château d'Eau
rue de Nancy
r. Legouvé
Richerand

10e ARRONDISSEMENT

NOUVELLES GUEULES D'ATMOSPHÈRE

Vous avez toujours été intrigué par l'Hôtel du Nord, cette façade anodine associée à un film mythique. En empruntant la passerelle, vous songez toujours à la réplique gouailleuse d'Arletty : « Atmosphère ! Atmosphère ! Est-ce que j'ai une gueule d'atmosphère ? ». Cela, avouez-le, sans jamais avoir vu le film de Marcel Carné. Vous décidez de combler cette lacune. Le film sorti en 1938 est peut-être un chef-d'œuvre mais un chef-d'œuvre terriblement daté. Vous songez alors à réaliser un long métrage, émanation moderne de l'*Hôtel du Nord* de Carné, qui prendrait ancrage au bord du canal Saint-Martin. Il va falloir réfléchir à la distribution et aux lieux de tournage. Pour nourrir cette réflexion, vous arpentez le quartier.

DISTANCE ± 2 km
DURÉE ± 1 h 15
DIFFICULTÉ ●●●

1. Premier rôle féminin

En toute logique, vos pas vous conduisent là où tout a commencé, devant l' :

Votre héroïne, serveuse dans cet établissement, aura le franc parler d'Arletty, avec un physique à l'avenant. Pour l'incarner, vous hésitez entre plusieurs actrices. Levez les yeux sur la façade et comptez les carreaux bleus formant le 3e mot. Combien y a-t-il de carreaux entiers ? Utilisez au besoin le zoom d'un appareil photo.

35

Sara Forestier

37

Adèle Exarchopoulos

39

Ludivine Sagnier

Reportez ses initiales dans la première ligne de la grille ci-dessous :

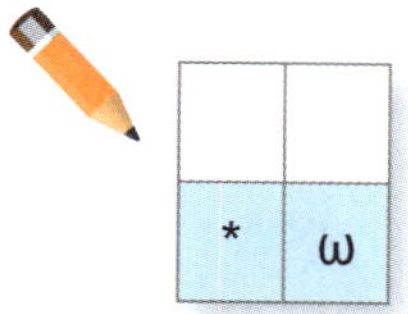

Comptez ensuite les fenêtres présentes au-dessus de ces carreaux, au 2e étage, et inscrivez ce chiffre ci-dessous :

Le film de Marcel Carné a été presque entièrement tourné dans les studios de Billancourt, où l'Hôtel du Nord et le canal Saint-Martin ont été entièrement reconstitués par Alexandre Trauner. La « sucette Decaux », à droite de l'hôtel, comblera votre éventuelle curiosité.

2. Premier rôle masculin

Grimpez sur la passerelle la plus proche. Au sommet, observez la maison des éclusiers. Confiez-lui le soin de choisir le premier rôle masculin.

Si elle a 3 cheminées et 2 réverbères consoles, ce sera :

Si elle possède une fenêtre ronde et une marquise au-dessus de la porte, ce sera :

Si elle a des volets rouges et des barreaux aux fenêtres, ce sera :

Inscrivez la troisième lettre en partant de la fin et la dernière lettre de son nom dans la grille ci-dessous (attention : pas ses initiales cette fois !) :

3. Le refuge secret des amants

Traversez le quai, descendez les quelques marches menant aux rues en contrebas et suivez les indices photos. Ces détails jalonnent le parcours qu'emprunteront nos deux héros qui entretiennent une liaison clandestine.

Approchez-vous de la sculpture représentée sur la dernière image et regardez devant vous : une drôle de maison bouche l'horizon. Elle abritera les rendez-vous secrets de nos amoureux du canal Saint-Martin. Ceux-ci ont pour habitude de se retrouver dans une chambrette au dernier étage, fermée par un cadenas à lettres. Pour trouver le code, comparez ces photos à l'immeuble original. Une seule photo lui correspond exactement.

Le mot de passe du cadenas est celui correspondant à la bonne maison.

Relevez-le dans la grille :

Ξ	€		฿

Cet immeuble construit en 1909 est signé Louis Bonnier (1856-1946), architecte à l'imagination foisonnante dont le style balance entre Art nouveau et art moderne. La piscine de la Butte-aux-Cailles est l'une de ses réalisations emblématiques. La présence en fond de scène d'une barre d'immeubles renforce l'effet de verticalité et de « désordre organisé » de la composition de Bonnier.

4. Un tournant décisif

Prenez le tournant, au sens propre, pour découvrir celui qui, au sens figuré, va marquer le destin tourmenté des amants. Un grand porche vous appelle au loin. À l'arrière se dessine un jardin. C'est là que notre héros (appelons-le Roméo) va annoncer à sa Juliette une nouvelle qui va chambouler leur relation. De quoi s'agit-il ? Pour le savoir, lisez le panneau vert sur le porche.

Type d'hôpital se trouvant jadis ici : □ _ _ _ _ _ _ _ _ _

Nombre de portails encore debout (en lettres) : □ _

Adjectif qualifiant les essences : _ _ _ □ _ _ □ _ _ _ _ _

Nom du couvent : _ _ _ _ _ _ _ _ □ _

Nom de l'hôpital : _ _ _ _ _ _ _ □ _

Provenance des soldats : _ _ □ □ _

Reportez dans la grille chaque lettre figurant dans une case, dans l'ordre de leur apparition, pour découvrir l'annonce de Roméo :

	◊			©		Й	

Relevez ci-contre, en chiffres cette fois, le nombre de portails encore debout :

√

5. Quel métier pour Juliette ?

Dirigez-vous vers  que vous contournerez par la gauche.

Sortez du jardin par une petite . Vous voilà sur une placette.

Longez un  à gauche, puis une 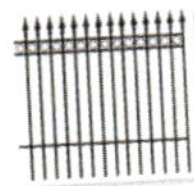 jusqu'à un portillon.

Pénétrez dans le  et poussez la porte à l'endroit de la flèche.

C'est ici que Juliette, serveuse le soir à l'Hôtel du Nord, poursuit en journée ses études. Quel métier envisage-t-elle ? Il est inscrit en filigrane sur un panneau évoquant l'histoire chronologique de ce lieu, panneau situé entre le comptoir du bar et le bureau d'informations.

1619 • 1er mot, 1ère lettre : _

1794 • 2e mot, 1ère lettre : _

1999 • 2e ligne, 5e mot : _

1973 • 1ère ligne, 3e mot, 1ère lettre : _

1603 • 2e ligne, 1er mot, 1ère lettre : _ _

1860 • 2e ligne, 3e mot, 1ère lettre : _

1992 • 1ère ligne, 2e mot, 1ère lettre : _

1789 • 3e ligne, 2e mot, 3e lettre : _

1968 • 1ère ligne, 2e mot, 3e lettre : _

1991 • 1ère ligne, 1er mot, 2e lettre : _

Inscrivez ce métier dans la grille ci-dessous :

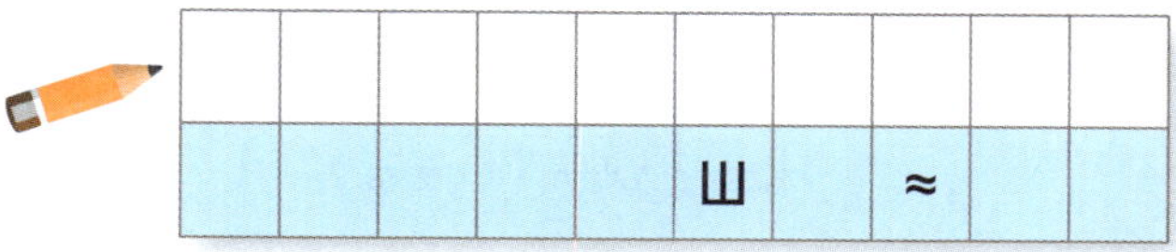

La caméra filmera l'héroïne, studieuse, seule et emplie de spleen, dans cet espace brut de décoffrage.

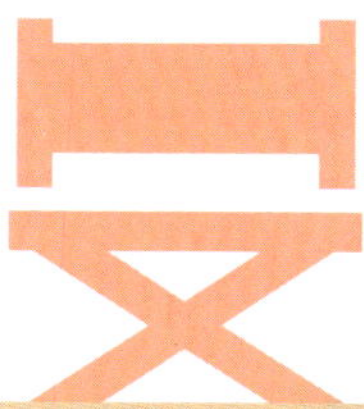

Si la météo s'y prête, offrez-vous une pause gourmande ou un rafraîchissement dans le jardin du café, un havre de paix cerné par de hauts murs, ceux-là même qui ceinturaient jadis le couvent.

6. Un départ, puis un autre

Un texto va soudain faire basculer la situation :

> Juliette, ma chérie, rentre vite stp.
> Tatie Mireille est à l'hôpital.
> Elle te réclame.

> Kess qu'elle a ? C grave ?

> Infarctus. Saute dans le 1er train.

> OK. J'arrive.
> Je t'embrasse fort.

Juliette fonce vers la gare, par l'entrée la plus proche. Regardez la frise de blasons au-dessus de l'entrée de la gare (celle surmontée d'une allégorie de Verdun). Juliette va prendre un billet pour la ville dont le blason est situé à l'endroit du point d'interrogation :

?

¢		ŧ			₪	

Chabadabada

Tatie Mireille s'en est allée, laissant à Juliette une assurance-vie d'un montant très confortable. La jeune femme quitte son job, met ses études entre parenthèses et s'offre une année sabbatique. Un billet d'avion et la voilà qui rejoint Roméo à Port-Saïd. Les indices glanés tout au long de ce repérage vont vous permettre de décoder l'adresse, non loin d'ici, où seront filmées les retrouvailles des amants censées se dérouler de l'autre côté de la Méditerranée.

√	ส

₪	◊	ω

ŧ	ω	Й	Δ

			W										
≈	Ξ	€	฿	*	₪	©	°	ω	Δ	¢	ω	₪	Ш

Mirage ou oasis ? Ne manquez pas de vous y rendre : surprise et dépaysement garantis.

cité de Crussol
rue Oberkampf
Bd des Filles du Calvaire
Boulevard
Méricourt
rue Pihet
pass. Beslay
Avenue Parmentier
pass. Saint-
rue Léchevin
pass. Saint-Pierre Amelot
pass. Saint-Sébastien
rue Saint-Sébastien
cité Popincourt
rue Pasteur
rue Saint-Ambroise
rue Lacharrière
Sq. Saint-Irénée
rue Alphonse Baudin
imp. Saint-Sébastien
Voltaire
imp. Truillot
rue de l'Asile Popincourt
pass. de l'Asile
pass. du Chemin Vert
rue Moufle
rue Pelée
rue Amelot
cours du Coq
all. Verte
rue Nicolas Appert
rue Gaby Sylvia
imp. des Primevères
Boulevard Lenoir
rue du Chemin Vert
imp. Popincourt
imp. Marcès
imp. des Trois-Sœurs
pass. Lisa
rue Popincourt
pass. Sainte Anne Popincourt
rue Saint-Sabin
rue Bréguet
rue Froment
Boulevard Richard
pass. Salarnier
rue Sedaine
cour Sedaine
rue Boulle
Boulevard Beaumarchais
rue Amelot
rue du Commandant Lamy
rue de la Roquette
pass. Charles Dallery
pass. Saint Sabin
cité de la Roquette
rue des Taillandiers
rue Keller
passage Bullourde
rue Daval
cour Damoye
rue de Lappe
pass. Louis Philippe
pass. Thiéré
cour du Cantal
pass. des Taillandiers
Place de la Bastille
pass. du Cheval Blanc
cité Parchappe
cour Saint Louis
cour du Nom de Jésus
cour Jacques Viguès
cour Queilard
cour du Panier Fleuri
rue de Charonne
pass. Lhomme
pass. Josset
pass. Saint Antoine
200 m

11e ARRONDISSEMENT

QUEL CIRQUE !

Depuis quelques jours, des cris d'animaux se font entendre dans les rues de Paris, la nuit. Certains témoins auraient même vu des silhouettes de bêtes sauvages apparaître sous la lueur des réverbères. D'où viennent ces animaux ? Que se passe-t-il ?

DISTANCE ± 2,2 km
DURÉE ± 1h45
DIFFICULTÉ ●●●

1. Entrée en piste

Vous menez l'enquête et amorcez une :

Vous savez juste que tout ce petit monde a été vu pour la première fois devant le :

Qui dit « cirque » dit « cercle ». Le mot vient du grec *kirkos* signifiant cercle ou espace circulaire. Cette figure géométrique est omniprésente dans l'univers du cirque : forme de la piste, du chapiteau, des cerceaux, des balles et ballons, des roues, des cycles…

Face à vous se dresse un polygone à vingt côtés et quarante fenêtres, ornés de bas-reliefs. Non loin se trouve une « sucette » Decaux, familièrement appelée « pelle à pizza ». Approchez-vous-en et comptez les lignes, les mots et les lettres suivant les indications chiffrées ci-dessous. Par exemple : « 4 ; 3 ; 1 » signifie qu'il faut aller à la 4e ligne, prendre le 3e mot et extraire la 1ère lettre de celui-ci. Les articles « l' » et « d' » comptent pour un mot.

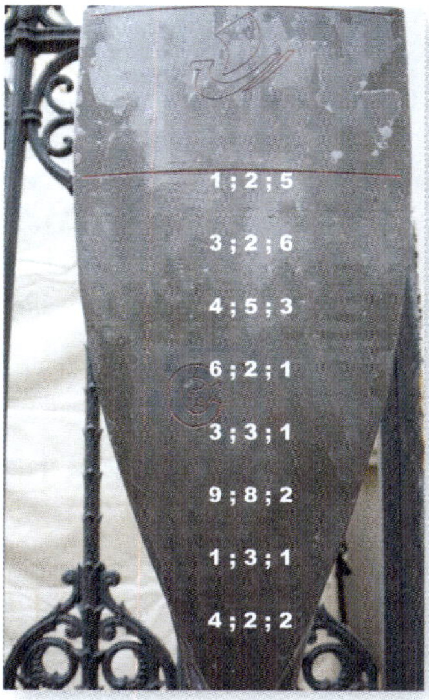

Relevez dans la première ligne de la grille ci-dessous le nom de l'animal qu'un témoin aurait aperçu dans les parages.

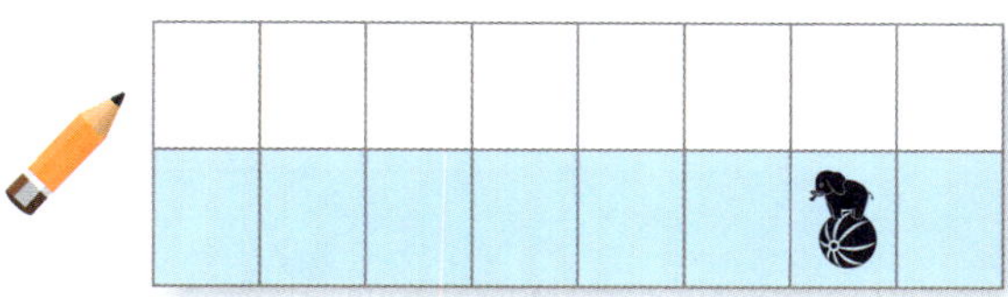

2. Le tuyau de la cavalière

La bestiole est peut-être passée par là mais ce qui est sûr, c'est qu'elle n'y est plus. Vous tournez comme un lion en cage. Levant le nez vers la façade du monument, vous apercevez de part et d'autre de la porte un guerrier et une guerrière. Cette dernière semble vous faire signe. Suivez son conseil et prenez la même direction que sa monture.

Longez cette rue jusqu'à ce que vous rencontriez – incroyable mais vrai ! – un frêne qui semble pousser au milieu d'un café. Les feuilles de cet arbre soulagent, paraît-il, les douleurs articulaires. Les acrobates les utilisent-ils ? Là n'est pas la question, il faut retrouver les animaux. Vous reprenez votre route, tout droit sur environ 300 mètres, jusqu'à ce que vous aperceviez côté impair, à hauteur du 1er étage, un...

EALAEAPAHAAANATA RAOASAE !!!

Vous en bégayez de saisissement, pincez votre bras et frottez vos yeux mais non, ce n'est pas une hallucination. À toutes fins utiles, relevez le nom écrit dans cette enseigne :

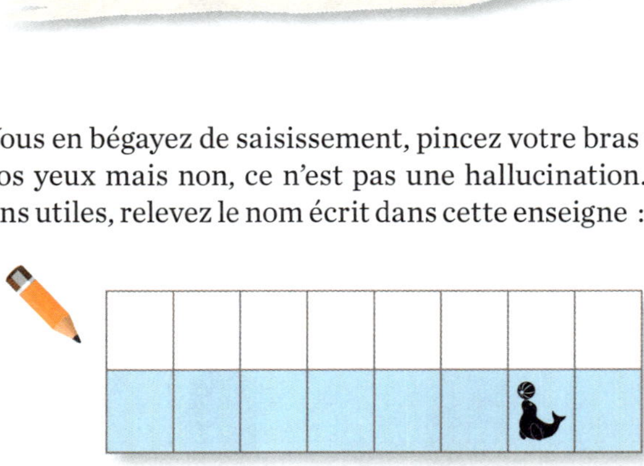

3. Attroupement au coin de la rue

Le dompteur du cirque vous rattrape, essoufflé : il a une information importante à vous communiquer, en l'occurrence un plan moucheté d'empreintes. Les animaux ont marqué un arrêt à l'orée d'une petite rue.

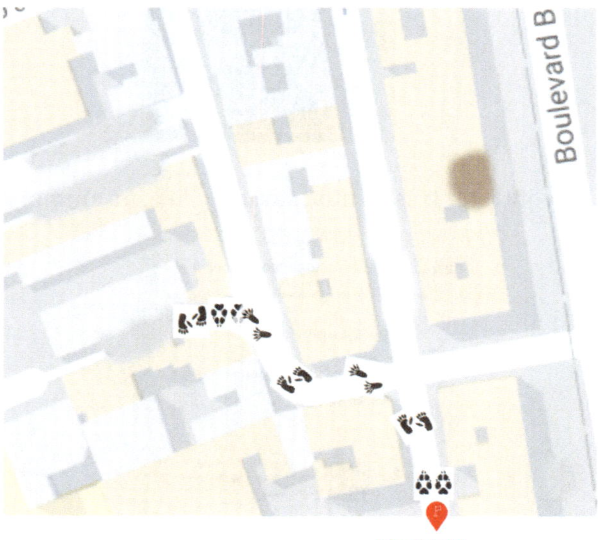

Qu'ont-ils vu, accroché au mur de gauche[1] ? Une moitié de :

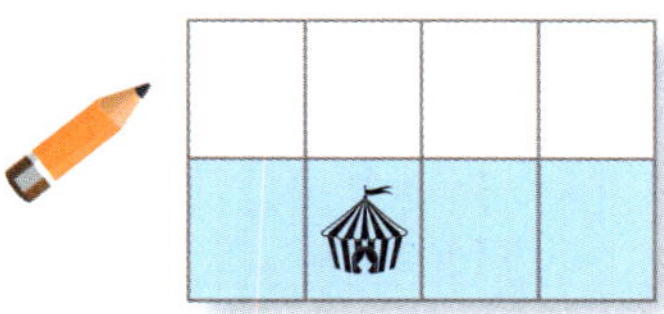

1. Si cet objet a disparu (lui aussi !), consultez le déblocage express page 274.

4. Ménagerie sans frontière

Ne bifurquez pas dans la ruelle. Continuez tout droit dans la rue en direction de l' :

Vous rencontrerez très bientôt, sur une grille, un animal.

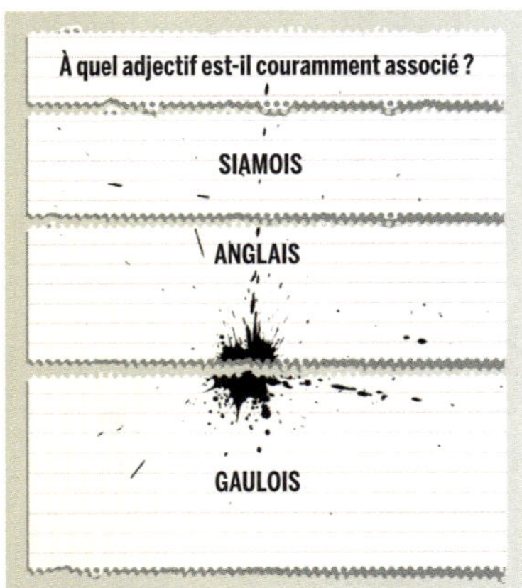

Relevez cet adjectif dans la grille.

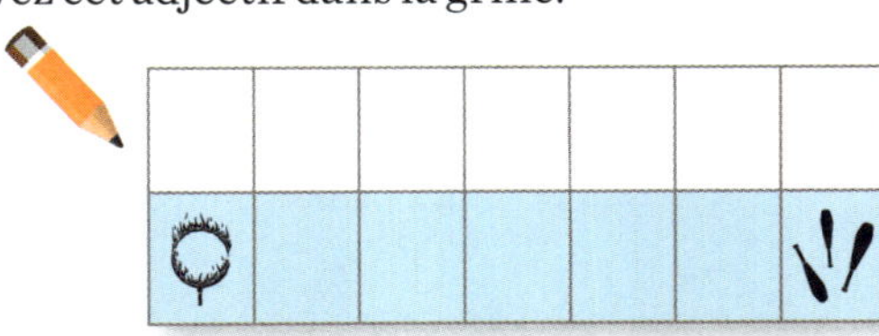

5. Le jongleur s'en mêle

Votre téléphone sonne : c'est le jongleur qui vous suggère d'aller jeter un œil à l'adresse ci-dessous. Des objets lui appartenant y auraient été localisés. Vous devez déjà pister les animaux, si en plus il faut retrouver les accessoires des artistes ! Pour ne rien arranger, votre téléphone déraille : les chiffres sont devenus des lettres et les lettres des chiffres. Heureusement que vous connaissez votre alphabet.

CG

18, 21, 5

19, 1, 9, 14, 20

19, 1, 2, 9, 14

Les accessoires du jongleur sont bien sur la façade, incrustés dans la corniche, sous les balcons du 3e étage. Comment ont-ils atterri là-haut ? Mystère... Relevez le nom qui est inscrit en majuscules au-dessus des baies vitrées du 1er étage.

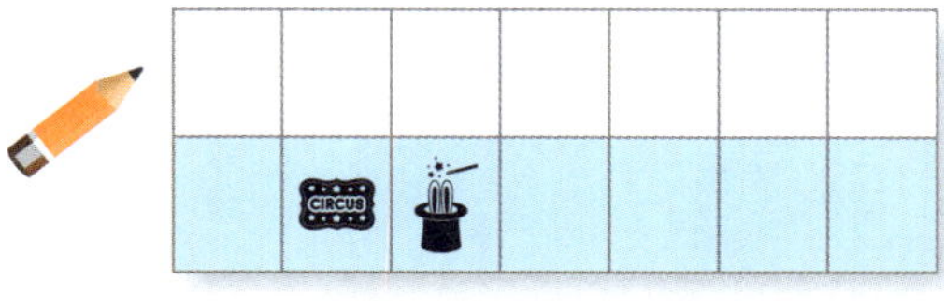

6. Vivement l'entracte !

Vous en avez plein les pattes de courir après ces satanées bestioles. Mais les artistes comptent sur vous. Ils vous envoient des photos qui devraient vous aider à trouver votre chemin.

Au bout de cette rue, au n° 4, levez les yeux : le nom d'un animal surmonte un porche. Reportez-le dans la grille.

Parade finale

Trêve de pitreries ! Vous avez désormais assez d'indices en poche pour décrypter l'adresse où s'est réfugié au moins un des animaux du cirque, à 700 mètres de là. Au besoin, faites une pause et prenez des forces avant de vous y rendre.

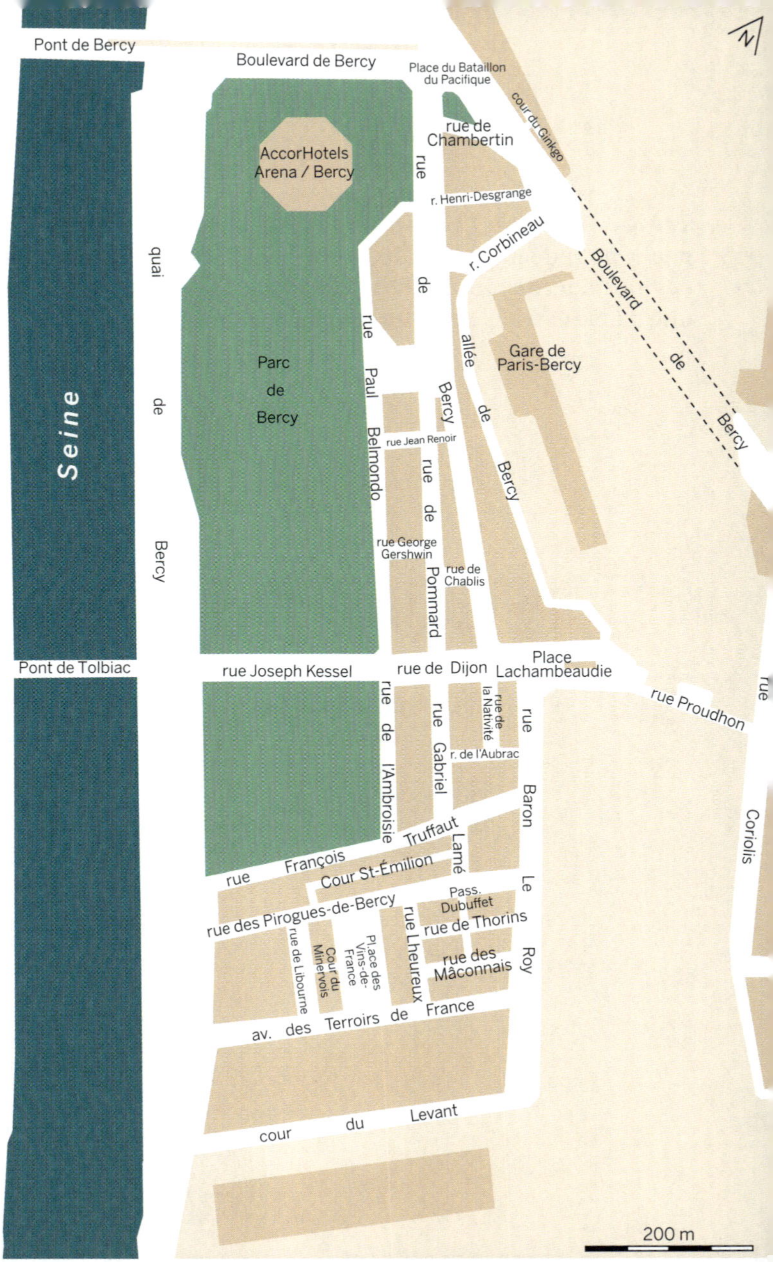

N
Pont de Bercy
Boulevard de Bercy
Place du Bataillon du Pacifique
cour du Ginkgo
rue de Chambertin
AccorHotels Arena / Bercy
r. Henri-Desgrange
r. Corbineau
Boulevard de Bercy
Gare de Paris-Bercy
allée de Bercy
rue de Bercy
quai de Bercy
Seine
Parc de Bercy
rue Paul Belmondo
rue Jean Renoir
rue de Pommard
rue George Gershwin
rue de Chablis
Pont de Tolbiac
rue Joseph Kessel
rue de Dijon
Place Lachambeaudie
rue Proudhon
rue Coriolis
rue de l'Ambroisie
rue Gabriel Lamé
rue de la Nativité
r. de l'Aubrac
rue Baron Le Roy
rue François Truffaut
Cour St-Émilion
rue des Pirogues-de-Bercy
Pass. Dubuffet
rue de Thorins
rue Lheureux
rue des Mâconnais
rue de Libourne
Cour du Minervois
Pl.ace des Vins-de-France
av. des Terroirs de France
cour du Levant
200 m

12e
ARRONDISSEMENT

LES SALES GOSSES

Vous êtes un animateur en charge d'un groupe d'enfants. Insupportables, les gamins. Ils ne tiennent pas en place et n'écoutent rien. Mais le job étant ce qu'il est, vous devez les supporter et les restituer entiers et bien portants à la fin de la journée. La matinée était consacrée à la visite du musée des Arts Forains et jusque-là, ça s'est plutôt bien passé. Les choses ont commencé à se gâter à la sortie du musée. Alors que vous vérifiiez que personne n'était resté enfermé aux toilettes, la p'tite bande en a profité pour s'égayer dans la nature. Paniqué, vous partez à leur recherche.

DISTANCE ± 1,5 km
DURÉE ± 1h45
DIFFICULTÉ ●●●

1. Sur la piste des fuyards

Farceurs, les garnements ont semé derrière eux des indices à votre intention : ces flèches, là, tracées sur le mur.

Suivez la direction des flèches et levez les yeux en examinant les visages qui vous observent. Arrêtez-vous quand vous aurez trouvé ces personnages-là :

L'animal ?

....

L'objet ?

....

Le dernier mot ?

....

Entre ces deux visages se trouve un calicot. Observez-le et répondez aux questions ci-dessus. Reportez ensuite les réponses dans la première ligne de chaque grille (sans vous occuper pour l'instant de la ligne teintée.

1ère réponse :

		§				

2e réponse :

	♠			

3e réponse :

										•

Le musée des Arts Forains a été créé par un collectionneur passionné par le patrimoine des fêtes et foires foraines. Celles-ci étaient jadis une affaire d'adultes, avec ses baraques d'« entre-sort » (où l'on entrait, espérant voir quelque chose d'extraordinaire, et d'où l'on sortait, après avoir vu une curiosité, un trucage optique ou une grivoiserie). Au cours de la visite-spectacle interactive, on monte des chevaux de bois, on joue à la loterie des garçons de café et l'on se glisse dans la « chenille de l'amour » d'un carrousel vénitien. L'attraction la plus amusante est sans doute le manège vélocipédique anglais de 1898 tournant à la force des mollets des visiteurs.

2. De quoi vous faire tourner en barrique

Un avion en papier siffle soudain entre vos oreilles avant de chuter sur le trottoir. Vous le ramassez et découvrez en le dépliant ces inscriptions :

Que signifie R-V ? Hervé... ? Rendez-Vous... ? À moins que ce ne soit un code...
Au verso du papier figure cette grille :

A	B	C	D	E	F	G	H	I	J	K	L	M	N	O	P	Q	**R**	S	T	U	V	W	X	Y	Z
E	F	G	H	I	J	K	L	M	N	O	P	Q	R	S	T	U	**V**	W	X	Y	Z	A	B	C	D

Vous allez : ______________________________

Là, vous interrogez les commerçants et les passants qui confirment avoir vu passer un essaim d'enfants très bruyants. Malgré la cacophonie, ils ont entendu des prénoms, par bribes. Pour être sûr qu'il s'agit bien de ceux de votre troupe, reliez chacun des bas-reliefs ci-dessous au numéro de commerce correspondant.

Relevez les trois prénoms l'un à la suite de l'autre (sans espace et dans l'ordre d'arrivée) dans la 1ère ligne de la grille :

£		*	๑						

Pour en savoir plus sur l'histoire de ce lieu, lisez le panneau accroché près du puits.

3. Une initiative qui fait plouf

Selon les dernières informations recueillies auprès des passants, les enfants se seraient dirigés, piaillant tels une volée de moineaux, vers un parc. Sans difficulté, vous en localisez un. Près de l'entrée se dresse un tertre labyrinthique. De son sommet, peut-être apercevrez-vous les chenapans ? Plein d'espoir, vous en faites l'ascension.

Vous voilà sur le belvédère. Quels éléments voyez-vous DANS les pièces d'eau ?

Entourez les lettres correspondant à la bonne réponse :

	OUI	NON
Des cabanes à canards	E	G
Un pont	Y	Q
Un enfant qui fait la planche	O	D
Une tour Eiffel	R	F
Un carillon	X	A
Des galets sur des tiges métalliques	C	F

Relevez dans la 1ère ligne de la grille ci-dessous (et dans l'ordre alphabétique) les lettres correspondant aux réponses négatives :

La mémoire du Bercy d'antan se lit en filigrane entre les allées de ce parc, créé en 1994. Les allées sont calquées sur la trame orthogonale des anciennes chaussées pavées dans lesquelles, par endroits, s'incrustent encore les rails sur lesquels circulaient les wagons-citernes (ou wagons-foudres). Ces wagons menaient « l'or rouge » aux chais par une voie ferrée de dérivation.

4. La traque continue

Tiens ?! Par terre, une bouteille avec un papier roulé à l'intérieur. Une carte au trésor, de toute évidence à votre intention. Sapristi ! Les chenapans se doutaient que vous viendriez sur ce belvédère. Voyez où ils vous envoient maintenant :

À cet endroit, pas le moindre enfant mais... des ruines. Un panneau vert, à gauche, en explique l'histoire. Relevez ci-dessous le nom du contrôleur général :

		?	

Et là, le nom des établissements qui occupèrent le site jusque dans les années 1980 :

			☯		

5. Une cachette potentielle

Les enfants ont dû jouer à cache-cache dans ces ruines. Ils ont probablement dû aussi shooter dans ce morceau de papier froissé gisant au sol. Vous dépliez la boulette :

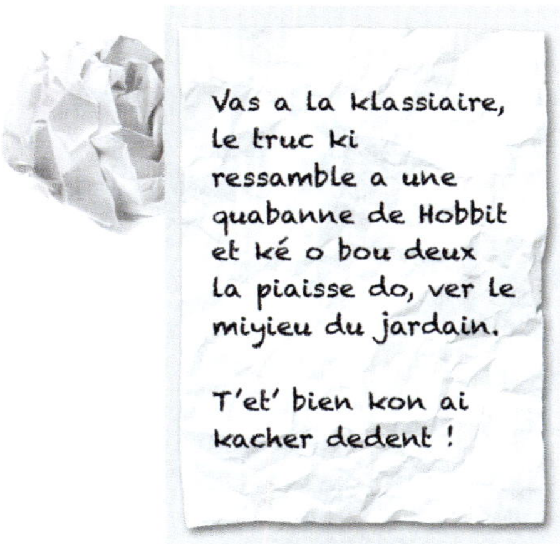

Après avoir localisé l'édifice, un dôme couvert de végétation, cherchez-en l'entrée. Jetez un coup d'œil à l'intérieur, au travers de la grille. Notez ci-dessous la couleur de la coupole et son type de revêtement :

ေ◌ာ			ψ	

					!	&	

6. La rose des vents

Les garnements ont encore pris la poudre d'escampette en laissant ce papier, coincé sous un galet :

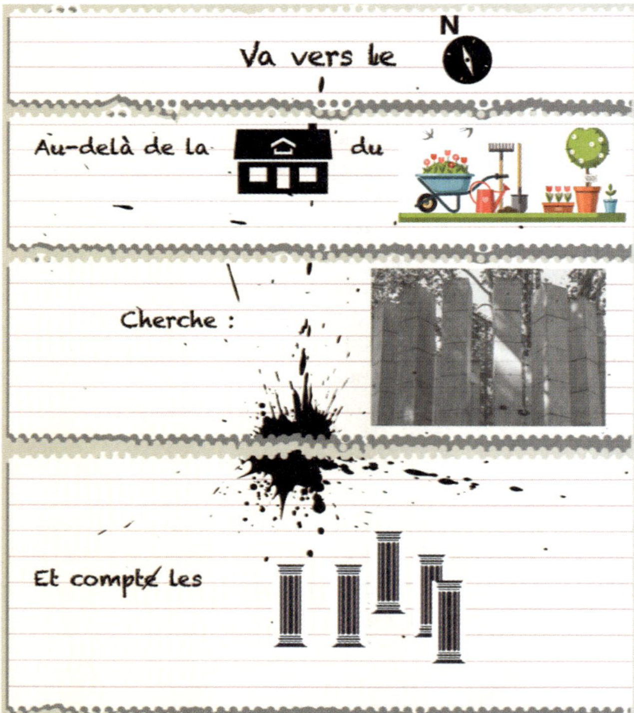

Exécutez-vous et reportez ce nombre dans la grille :

^			@	

7. Et puis quoi encore ?!

Les gosses prennent un malin plaisir à vous balader. Voici maintenant ce qu'ils vous demandent de faire :

> Palce-toi sur la rsoe des vnets nroie, au cnrete, et lvèe la ttêe.
>
> Rgreade vres l'oeust et diigre-toi vres le ganrd turc rguoe orngaé.

Vous y voilà. Et les gamins ont déjà décampé, bien sûr, mais ils ne sont pas loin, vous entendez leurs cris. Notez avant de partir le type de culture qui vous entoure :

±				≈

Non loin de là se trouvent le labyrinthe de buis et la roseraie qui évoquent les jardins aristocratiques de Bercy.

8. Clap de fin

D'où provenaient les cris ?

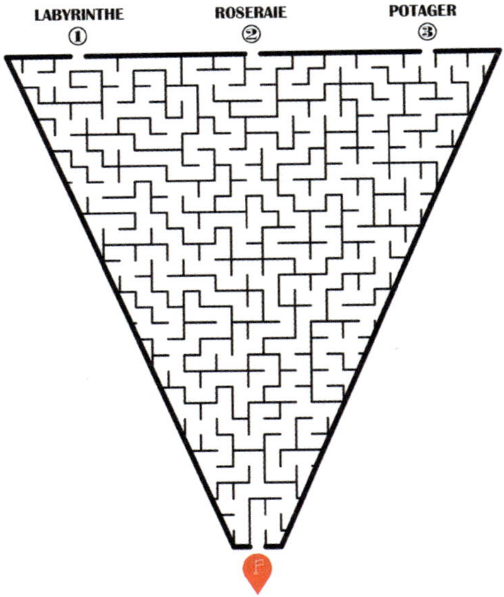

La traque touche à sa fin. Cherchez en cet endroit la cabane noire et, fixé sur son pignon, l'hôtel à insectes. Notez ici sa forme :

©					†	⊙	

À la lisière du parc se trouve un bâtiment étonnant construit en 1994 par l'architecte américain Frank Gehry pour accueillir l'American Center. Gehry est un adepte de la « déconstruction ». L'édifice est en effet comme fragmenté et déstructuré. Il abrite depuis 2005 la Cinémathèque française.

Fini de rigoler !

Vous disposez à présent des symboles nécessaires pour décoder ce qui suit et savoir enfin où se trouvent les enfants. Promis juré : ils ne bougent plus et vous attendent !

£	♠	*	,	๑	†	♠	,	♠	^	♠	^	,

w	≈	†	♠	©	≈	,	*	๑	?	♠	≈	-	§	๑	?	*	≈	ψ

≈	☯		†	≈	^		^	≈	♠	@	≈		๑	&	☯	?	≈	^

≈	ψ	w	๑	ψ	☯	^		^	⊙	ψ	☯		^	&	?

†	≈	^		©	≈	†	⊙	&	^	≈	^		!	&	♠

^	≈		☯	?	⊙	&	±	≈	ψ	☯		๑

†	'	≈	•	☯	?	≈	*	♠	☯	≈		¤	≈		†	๑

©	๑	^	^	≈	?	≈	†	†	≈		^	♠	*	⊙	ψ	≈

¤	≈		ꝏ	≈	๑	&	±	⊙	♠	?	.

200 m
N
Pont de Bercy
Bd Vincent-Auriol
Quai de la Gare
R. G. Balanchine
Rue Louise Weiss
Parvis Alan-Turing
Rue du Chevaleret
R. R.-Aron
Passerelle Simone-de-Beauvoir
Halle Freyssinet
Avenue de France
Bibliothèque nationale de France
Quai François-Mauriac
R. P.-Gourdault
Rue Charcot
Rue É.-Durkheim
Pont de Tolbiac
Rue de Domrémy
Prom. C.-Lévi-Strauss
Rue Neuve-Tolbiac
R. des Frigos
R. O.-Messiaen
Quai Panhard-et-Levassor
Seine
Rue de Tolbiac
R. du Dessous-des-Berges
R. P.-Levi
R. R.-Goscinny
Rue Leredde
Rue du Chevaleret
Rue Thomas-Mann
Avenue de France
Rue M.-Duras
Esplanade P.-Vidal-Naquet
R. M.-L.-Dubreil-Jacotin
Rue des Grands-Moulins
Rue F.-Dolto
R. Hélène-Brion
Rue Cantagrel
Rue de Patay
Rue Albert-Einstein
Rue Watt
Rue E. -Oudiné
Rue J.-A.-de-Baïf
Pont Natio
Rue Regnault
Quai d'Ivry
Boulevard Masséna
R. J.B. Berlier

13e
ARRONDISSEMENT

LES PLANS DE L'ARCHITECTE

Vous êtes architecte et votre cabinet vient de décrocher un gros contrat. Votre client, un promoteur, vous demande de réaliser un immeuble aux lignes novatrices, à l'image de ceux qui sortent de terre dans la ZAC Rive Gauche. Audace et originalité sont les mots d'ordre de votre mission. Vous décidez d'arpenter ce quartier en pleine mutation pour y trouver l'inspiration.

CONDITIONS PARTICULIÈRES :
Il est nécessaire de disposer d'un plan récent incluant la nouvelle nomenclature des voies ou d'utiliser Google Maps.

DISTANCE ± 2 km
DURÉE ± 1 h 45
DIFFICULTÉ ●●●

1. Quelle silhouette pour le futur bâtiment ?

Vos pas vous conduisent d'abord vers la Seine, sur un quai portant le nom d'un constructeur automobile français. Sur ce quai, à peu près à mi-chemin entre le pont de Tolbiac et le pont National, s'ouvre une esplanade. En semaine, des étudiants s'y attardent volontiers avant de rejoindre leur salle de cours dans les bâtiments situés de part et d'autre.

Vous êtes : ______________________________

Au centre de la pelouse, une grande sculpture vous intrigue. Non loin, une plaque discrète, scellée au sol, en donne une description détaillée. Cherchez cette plaque et complétez les lignes ci-dessous :

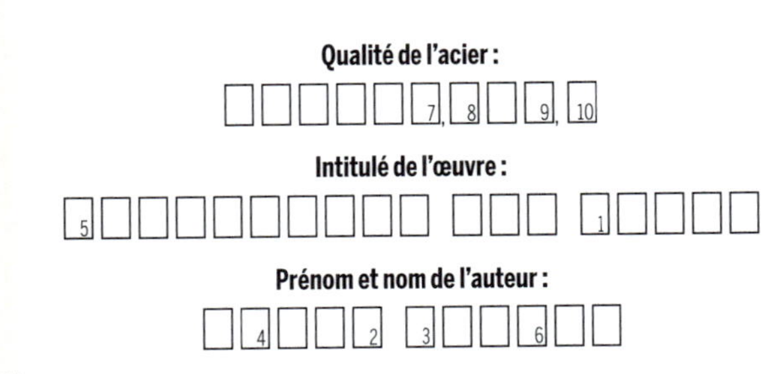

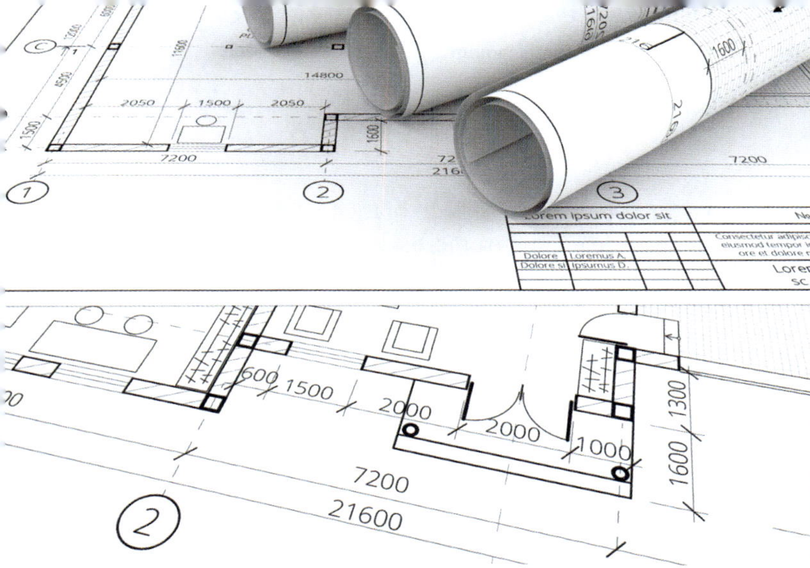

Reportez ensuite les lettres correspondant aux numéros dans la première ligne de la grille ci-dessous pour voir apparaître la forme du futur bâtiment.

1	2	3	4	5	6	7	8	9	10
↕	◊			Σ		Џ			

Dans le 13e arrondissement, les fontaines Wallace, habituellement d'un vert sombre, ont adopté des coloris plus vifs : rouge, bleu, rose ou jaune, comme celle qui se trouve ici. À ce propos, ne serait-il pas temps de songer à la couleur de la façade de votre bâtiment ?

2. Quel coloris pour la façade ?

Votre client vous a laissé carte blanche, libre à vous d'opter pour une façade monochrome, bicolore ou bariolée. Traversez l'esplanade en tournant le dos au fleuve puis, arrivé face aux grilles du jardin, laissez-vous guider par les indications ci-dessous :

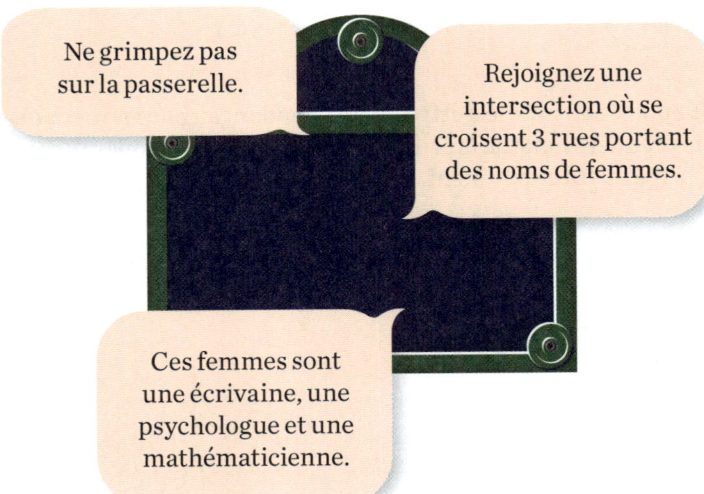

Vous allez : ______________________________

À ce carrefour, des taches de couleur attirent votre regard. Des fresques égayent le secteur. Parmi les photos ci-dessous, identifiez les fresques présentes dans un rayon de 20 mètres et barrez celles qui ne le sont pas.

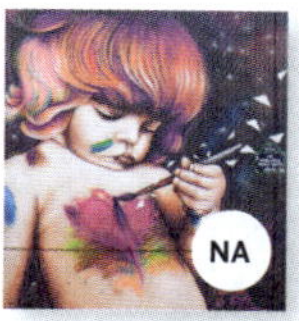

Une fois rangées dans le bon ordre, les syllabes restantes révèleront la couleur dominante qu'arborera votre façade. Reportez ce mot dans la première ligne de la grille :

☰			•			☯		

Le jardin voisin fait la part belle aux prairies fleuries naturelles. Les petites structures en forme d'arbres sont des hôtels à insectes, nés de la collaboration d'un entomologiste et de deux designers. L'écologie, justement, aura-t-elle sa place dans votre projet ?

3. Quel type de dispositif écologique ?

Traversez le jardin de part en part, en passant en-dessous de la passerelle. Continuez encore tout droit au-delà de la rue qui le coupe perpendiculairement. Au débouché de ce second jardin, vous devriez vous trouver dans une rue rendant hommage à ce monsieur :

Vous allez : ______________________________

Face à vous, une grille noire borde une école. À gauche se trouve un mur plus bavard que les autres. Vous y trouverez les réponses aux colles ci-dessous :

- *Le chouchou, c'est ?*
- *Après « chouette » ?*
- *De quoi Clotaire est-il souvent privé ?*
- *Après « interroge » ?*
- *Avant « gros » ?*
- *Le personnage féminin, c'est la … ?*

Les initiales de ces mots en formeront un autre,
à reporter ci-dessous :

	±			≈	

Cette rue a encore un élément important à vous livrer. Cherchez ces panneaux et notez les mots manquants :

Une fois mises dans l'ordre, les lettres des cases colorées forment un mot complémentaire, à reporter ici :

		T				
	λ				√	

L'association des deux mots trouvés dans cette rue annonce le dispositif écologique envisagé. Le bâtiment sera doté d'un :

_______________ _______________

4. Quelle forme de fenêtres ?

Il est temps de se préoccuper de la forme des baies vitrées. Les immeubles alentour, si divers soient-ils, ne sont guère audacieux en la matière. Prenez le large en direction de :

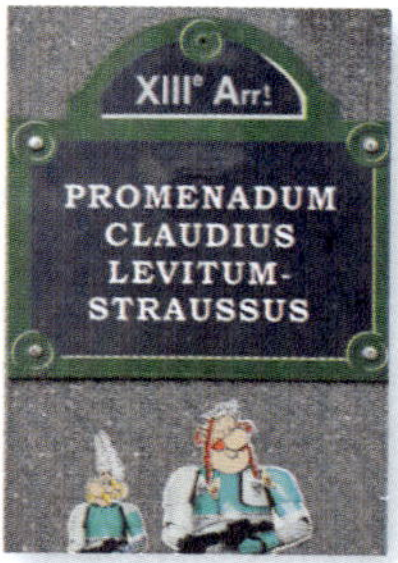

Vous allez : ____________________

Cette voie rejoint une place portant le nom d'un artiste peintre américain contemporain, pionnier du street art. Placez-vous à la jonction de ces deux axes et regardez l'immeuble qui fait l'angle.

La figure géométrique associée au bâtiment que vous avez sous les yeux sera celle des fenêtres de votre immeuble. Elles seront donc :

			฿		†	/		⍓		

Cet immeuble spectaculaire est l'œuvre de votre confrère Rudy Ricciotti. Il enserre un jardin tropical et un plan d'eau surélevé.

5. Quel revêtement de façade ?

Votre projet est désormais bien avancé. Avant de vous atteler aux plans, vous devez encore déterminer le revêtement de la façade, sa peau en quelque sorte. Une rue se trouve en contrebas de la place où vous vous trouvez. Rejoignez-la par les premiers escaliers venus puis suivez-la dans le sens contraire de la circulation automobile. En continuant tout droit, vous arriverez au :

Vous allez : ________________________

Descendez encore quelques marches. Un grand bâtiment tout en longueur doit se trouver à votre droite. Dès que vous le pouvez, pénétrez à l'intérieur. Deux passages permettent en effet de le traverser de part en part. Le premier se nomme Anatole. Cherchez sur ses parois vitrées un triangle vert où s'affiche un texte en français. Comptez les lignes, les mots et les lettres suivant les indications chiffrées.

Si le passage est fermé, vous pouvez tout de même apercevoir les mots à travers la porte vitrée.

2 ; 3 ; 8
1 ; 4 ; 2
4 ; 5 ; 1
1 ; 4 ; 2
1 ; 1 ; 2

1 ; 4 ; 2
1 ; 4 ; 4

5 ; 2 ; 1
3 ; 1 ; 2
2 ; 3 ; 1
1 ; 1 ; 3
1 ; 4 ; 2
4 ; 3 ; 3

1 ; 5 ; 5
1 ; 4 ; 2

13 ; 3 ; 1
7 ; 1 ; 1
3 ; 1 ; 2
4 ; 3 ; 3

Par exemple :
« 4 ; 3 ; 1 »
signifie qu'il faut
regarder la 4e ligne,
compter le 3e mot et
en extraire la 1ère lettre.

Reportez ensuite dans la grille ces lettres dans l'ordre. Apparaîtra le nom des matériaux qui habilleront la façade de votre immeuble.

		V												
§		»							⊙					*

			อ			

L'innovation sous toutes ses formes

Les lignes directrices de votre futur bâtiment sont maintenant esquissées et vous n'en êtes pas peu fier. Peut-être même que cette réalisation vous permettra de décrocher l'Équerre d'argent – décoration convoitée par la profession. Grâce aux indices glanés tout au long de cette quête, décodez l'alphabet crypté et découvrez un lieu novateur, chargé d'une belle énergie. Toujours bon à prendre !

†	/		§	/	†	†	√		⊙	⍓	√	◊	*	*	☯	•	√	±	
																			,

/	•	฿	☯	√	•		อ	/	±	☯	Σ	√	•	±

⊙	√	⍓	⍓	λ	»	☯	/	☯	⍓	√		√	*	±
											,			

Џ	√	»	√	•	≈	√		†	√		↕	†	≈	*

Ξ	⍓	/	•	Џ		☯	•	฿	≈	อ	/	±	√	≈	⍓		Џ	√

*	±	/	⍓	±	-	≈	↕		Џ	√

•	≈	Σ	√	⍓	☯	¤	≈	√		/	≈		Σ	λ	•	Џ	√	
						Q												:

†	/		*	±	/	±	☯	λ	•		⊙	
												.

200 m
N
Cimetière du Montparnasse
Av. du Maine
Terrasse Modigliani
rue du commandant René Mouchotte
Gare Montparnasse
rue Vercingétorix
rue Jean Zay
rue de Perceval
Place Constantin Brancusi
imp. Lebouis
rue Lebouis
r. Auguste Mie
rue Jules Guesde
rue Losserand
rue Maison Dieu
Place de Catalogne
rue Alain
rue du Texel
r. Édouard Jacques
pass. des Arts
r. Asseline
Place de l'Amphithéâtre
Square Cardinal Wyszynski
Place de Séoul
rue de l'Ouest
rue du Château
rue Raymond
Place Moro Giafferi
Vercingétorix
r. de l'Abbé Soulange-Bodin
rue Guilleminot
rue Niépce
R. du Moulin des Lapins
r. Croce Spinelli
Square Sainte Léonie
imp. Sainte Léonie
rue Bernard de Ventadour
rue Pernety
rue Desprez
Didot
pass. de Gergovie
r. Fernand Holweck
rue du Cange
r. Francis de Pressensé
rue de Plaisance
rue des Thermopyles
rue Boyer-Barret
cité Bauer
rue de Gergovie
Raymond Losserand
r. du Moulin Vert
Jardin du Moulin de la Vierge
rue de Decrès
rue du Moulin de la Vierge
avenue Villemain
imp. Florimont
Place du Lieutenant Stéphane Piobetta
rue d'Alésia
Square A. Ridder

14e

ARRONDISSEMENT

LE RENDEZ-VOUS

Originaire du Guilvinec, petite commune du Finistère Sud, vous débarquez à l'instant du TGV en provenance de Quimper. Par l'entremise d'un site de rencontre, vous vous êtes lié à une dame dont vous allez enfin faire la connaissance. L'âme sœur, assurément. Elle aime, comme vous, pimenter le quotidien – preuve en est ce rendez-vous qu'elle a fixé, qui n'en est pas vraiment un… Où se trouve le lieu de la rencontre ? À quoi ressemble votre correspondante ? Vous ignorez tout cela. Vous savez simplement qu'elle vous fera signe dès que vous aurez posé un pied sur le quai de la gare Montparnasse.

DISTANCE ± 2,6 km
DURÉE ± 1 h 45
DIFFICULTÉ ●●●

1. Kenavo Paris

Le TGV arrive pile à l'heure et vous voilà sur le quai, au niveau des grandes lignes. Le signal prévu se manifeste sous la forme d'un SMS :

Cherchez là trois instruments scientifiques d'une taille démesurée. Ils sont accompagnés de descriptifs, fixés au sol. Piochez-y les mots manquants :

... avec un _______3^{e}________ de 880 m...

... la hauteur des _______5^{e}______ depuis....

... un _____2^{e}__________ électronique gère...

... la puissance _____4^{e}________ réfléchie.

... il y a 32 jours de ____2^{e}_____ par an...

... et 6 jours de _____4^{e}_____ supérieure à 30° C.

Pour chaque mot, extrayez la lettre au rang indiqué (par exemple 3e signifie qu'il faut prendre la 3e lettre du mot manquant). Une fois mises dans l'ordre, ces lettres forment le prénom de l'inconnue. Notez-le dans la 1ère ligne de la grille :

			ɘ		

Dans cet espace vert aménagé en 1994, le thème de l'océan est suggéré par la végétation, par les formes de vagues omniprésentes et le mobilier évoquant la construction navale.

2. Hissez haut ! Le voile se lève

Un passant vous aborde et vous remet un papier. Il contient un dessin dans lequel se dissimule votre prochaine destination :

L'histoire de cet édifice est détaillée près du porche, à l'extérieur. Les édiles optèrent pour une architecture métallique en raison de contraintes budgétaires serrées mais aussi, a-t-on affirmé, pour que les ouvriers se sentent à l'aise dans ce décor de poutrelles et de colonnettes de fer, proche de celui d'une usine.

Au verso, ces infos :

Pénétrez dans l'édifice qui se trouve à cette adresse.
À l'intérieur, cherchez un tableau possédant le détail ci-contre :

Cet ange a la même couleur de cheveux que moi et j'exerce la 1ère des 2 professions évoquées en légende.

Relevez dans la grille la couleur de cheveux et la profession :

			⊙		

†						

3. Souvenir d'Armorique

Ne sortez pas encore de ce lieu. Vous allez devoir poursuivre votre chemin dans la rue Vercingétorix mais jusqu'où ? Fiez-vous à saint Éloi et à lui seul.

Passez le portillon et mettez-vous au vert.

Là, cherchez un élément évoquant à la fois la Bretagne et Obélix. Déchiffrez la plaque qui l'accompagne. Quel département breton est mentionné ?

Côtes d'Armor **= CAPUCIN**

Morbihan **= MASTIFF**

Finistère Bretagne **= HAMSTER**

Vous savez désormais de qui l'inconnue sera accompagnée. À bon entendeur... Espérons que vous aimez les animaux. Relevez le nom de l'animal dans la grille et passez à l'étape suivante.

				∴		Π

En face s'ouvre un autre jardin ainsi nommé en raison de la présence, au XIVe siècle, d'un moulin à vent appartenant à un certain « maître Simon », ancien soldat devenu meunier.

4. Du côté de chez Jeanne

La personnalité de votre amie se dessine peu à peu. Vous connaissez son prénom, sa profession, son animal de compagnie. Elle va maintenant vous révéler son hobby. Où cela ? En vrai Breton que vous êtes, vous maîtrisez parfaitement le morse, n'est-ce pas ? À défaut, voici de quoi vous rafraîchir la mémoire :

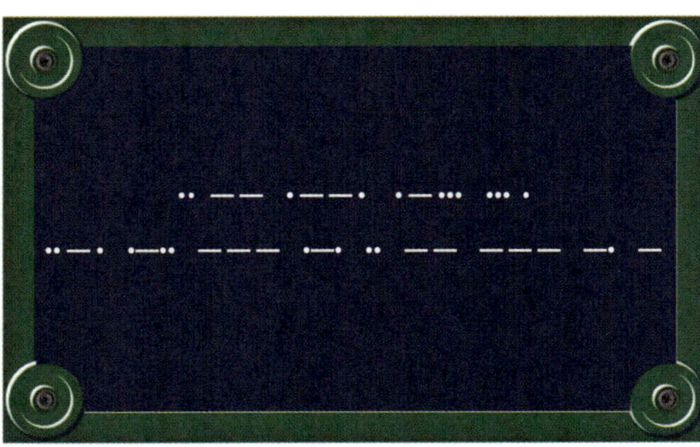

Georges a effectué plusieurs séjours en Bretagne, à Lézardrieux, près de Paimpol. Cela s'explique par les origines bretonnes de Jeanne, celle de la chanson et de *La Cane de Jeanne*, chez qui il vécut tant d'années ici même.

À l'entrée de cette voie, deux plaques mémorielles répondent à votre curiosité. L'une fait référence à un instrument, celui-là même dont joue notre amie. Notez-le :

			o	ย						

5. Tonnerre de Brest

Votre patience a des limites, vivement que ça se termine car il vous tarde de déposer un *pok* (baiser) sur la joue de la belle. Encore un petit effort ! Revenez sur vos pas et rendez-vous là :

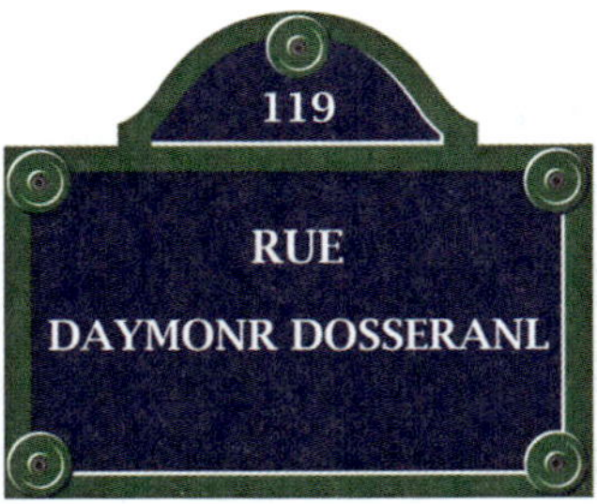

Initiale du mot manquant (étagère supérieure), L'Archer de …… IX :

Initiale du mot manquant (étagère inférieure) :

6. Les pieds dans le plat

Votre rencontre va se solder par un repas au restaurant. Vous aviez d'abord songé à une crêperie avant de vous rappeler qu'elle aimait les plats exotiques – précieuse info glanée au cours de vos échanges épistolaires. Pour découvrir ce qu'elle aime (L=M), allez donc flâner :

A	B	C	D	E	F	G	H	I	J	K	**L**	M	N	O	P	Q	R	S	T	U	V	W	X	Y	Z
											M														

En cette voie semi-privée, veuillez faire preuve de discrétion et d'observation. Regardez attentivement les vignettes ci-dessous : elles se rapportent toutes à des éléments visibles ici, sauf trois. Relevez ces intrus : leurs syllabes, une fois mises dans le bon ordre, vous livreront le type de cuisine préférée de votre amie.

Il s'agit de la cuisine :

	*		๑	๗		

Cette voie pavée est mi-publique mi-privée : les habitants sont propriétaires d'1,50 mètre de terrain devant leur maison. Ils peuvent y faire pousser toutes sortes de végétations, ce qui donne à la rue un caractère bucolique, bohème et champêtre.

Quand votre cœur fait « boum »

Vous avez désormais toutes les cartes (et les indices) en main pour déchiffrer l'adresse, très très proche, où vous attend votre amie. Le choix du lieu n'est pas innocent ; vous serez enfin fixé sur la nature de ses sentiments.

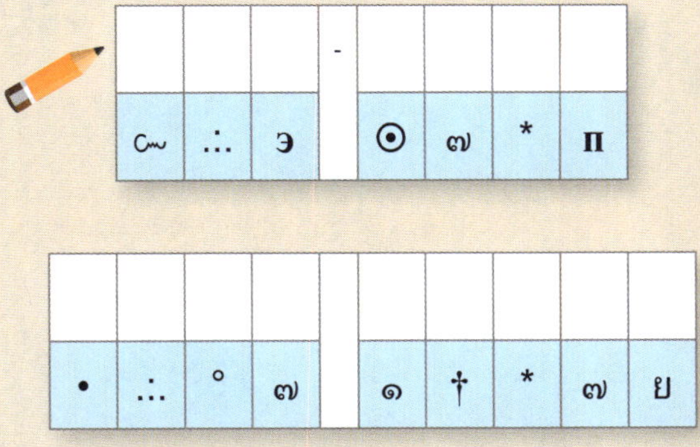

villa Croix Nivert
rue Nivert
rue de l'Amiral Roussin
Mademoiselle
rue Lecourbe
rue Péclet
rue Maublanc
rue Blomet
r. J. Hachette
rue Bausset
rue Gerbert
rue Vaugirard
rue François Villon
rue Marmontel
rue de l'Abbé Groult
rue Victor Duruy
rue Dombasle
rue Jobbé Duval
rue de Dantzig
rue Fondary
rue de la Croix
rue Mademoiselle
rue L. Lhermitte
rue Théophraste Renaudot
rue Ferdinand Fabre
rue Alain Chartier
rue de la Convention
rue des Serres
rue Olivier de Serres
rue Eugène Gibez
rue Leriche
rue du Théâtre
rue Gramme
rue du Commerce
rue Lakanal
rue de l'Abbé Groult
rue Charles Lecocq
rue Lecourbe
rue de Vaugirard
Place du Commerce
rue des Entrepreneurs
rue Jules Simon
rue de la Croix Nivert
r. des Frères-Morane
rue Blomet
rue Eugène Millon
rue Saint Lambert
rue du Clos Feuquières
rue Desnouettes
rue Olier
rue Violet
Place Violet
rue de l'Église
rue de Javel
rue Henri Bocquillon
rue de la Convention
rue Faure
rue Félix Faure
rue Roty
rue Oscar Roty
Avenue Émile Zola
Avenue de la Porte de Plaisance
rue Duranton
rue Jean Maridor
rue Lecourbe
rue du Hameau
rue Lourmel
rue Tisserand
villa Thoreton
rue de Gama
rue Vasco de Gama
rue Lacordaire
rue Charles
rue de la Convention
rue Saint
rue des Bergers
rue Gutenberg
rue des Cévennes
rue Varet
rue Jongkind
rue Leblanc
Bd Victor
rue Mercier
rue Sébastien Mercier
rue Cauchy
Cimetière de Grenelle
rue Saint Charles
rue Balard
rue des Cévennes
rue de l'Espérou
rue de la Montagne de la Fage
rue Leblanc
Parc André Citroën
rue de la Montagne
Bd du Général Martial Valin
Mirabeau

15e
ARRONDISSEMENT

LES BALLONS DE VAUGIRARD

Du terrain d'aviation d'Issy-les-Moulineaux, rattaché à la capitale en 1919, à la Cité de l'Air, édifiée en 1934 le long des boulevards des Maréchaux, le 15e arrondissement est étroitement lié à l'aéronautique. Il en est même le berceau. En effet, les villages de Grenelle, Vaugirard et Issy-les-Moulineaux, partiellement ou totalement annexés à Paris en 1860, furent témoins des premiers essais aéronautiques de l'homme, libéré de la pesanteur terrestre. Que diriez-vous de marcher sur les traces des pionniers ?

DISTANCE ± 2,8 km
DURÉE ± 2 h15
DIFFICULTÉ ●●●

1. La manufacture de grotesques

Dirigez-vous vers l'arrêt de bus le plus proche.

Notez ce mot dans la première ligne de la grille ci-dessous :

ő					Φ			

2. L'aérostat des frères Montgolfier

Déplacez-vous là, par le chemin le plus court :

Vous y êtes ? Arrêtez-vous à l'entrée, près de la grille et lisez ceci :

Le 21 novembre 1783, près de cent ans avant l'installation de la manufacture Lachambre, les villageois de Vaugirard et Grenelle virent passer au-dessus de leur tête, poussé par les vents, un énorme ballon. Imaginez leur stupeur, leur crainte ! Personne ne leur avait parlé de l'invention des frères Montgolfier. Ces derniers avaient testé deux mois auparavant l'ascension de leur ballon en papier huilé rempli d'air chaud, avec comme cobayes un canard, un coq et un mouton. Mais cette fois, c'étaient des passagers humains qui occupaient la nacelle :
Jean-François Pilâtre de Rozier, chimiste de profession, et le marquis d'Arlandes. Parti du jardin de La Muette, l'aérostat s'éleva jusqu'à 960 mètres d'altitude, longeant la Seine jusqu'à hauteur du Trocadéro. Il passa entre l'École militaire et l'Hôtel des Invalides et finit par atterrir, vingt-cinq minutes plus tard…

Où cela ? Pour le savoir, observez ce qui vous entoure. Vous avez devant vous à gauche un manège et à droite un théâtre de Guignol. Quel élément se trouve entre ces deux structures ?

Pré-Saint-Gervais

Bois de Vincennes

Butte aux Cailles

Reportez le lieu associé à l'élément présent dans la première ligne de la grille ci-dessous :

¤			Ø					°								

C'est là qu'atterrirent Pilâtre de Rozier et le marquis d'Arlandes, passagers du premier vol libre de l'histoire. La montgolfière se posa en douceur mais l'accueil des autochtones fut un peu rude : les chroniqueurs rapportent que la foule s'arracha la redingote que Pilâtre avait oubliée dans la nacelle et que le ballon aurait subi le même sort sans l'intervention de la maréchaussée.

3. Pigeon vole !

En 1870-1871, lors de la guerre franco-prussienne et du siège de Paris, des ballons s'envolèrent pour porter du courrier civil ou militaire en province. Mais pour que le système de la poste aérienne soit complet, il fallait que le chemin du retour soit assuré par des pigeons voyageurs. Les ballons partaient de jour comme de nuit, lestés de plusieurs dizaines de kilos de lettres, de journaux et de tracts, ainsi que de quelques volatiles. Plusieurs ballons s'envolèrent d'ici même, là où se trouvait l'usine à gaz de Vaugirard – le gonflage des aérostats à l'hydrogène s'effectuant directement à partir des vannes des gazomètres.

Avancez-vous près du bassin. Sur le mur servant d'écrin à la pièce d'eau est fixée une plaque. Notez ci-dessous le nom des deux ballons :

4. Bestiaire lacunaire

Un pigeon, justement, vient de larguer un message :

Exécutez-vous et, une fois sur place, observez ce qui vous entoure, en levant la tête pour voir passer non pas un ballon dans le ciel, mais un poisson suspendu dans les airs. Vous êtes devant un magasin de :

		⊙										Ỏ	

Le poisson central est-il un marlin, un requin ou un rouget ? Notez la réponse ci-dessous :

	Ǒ				

5. Tombé du ciel

Un miroir ou une vitrine vous aidera à localiser la prochaine étape :

Vers 1875, les premiers aérostats furent construits en carton. On utilisa ensuite des toiles serrées, du caoutchouc et des vernis. L'industrie se perfectionna peu à peu à la suite de nombreux essais, pas toujours fructueux. Un ballon chuta justement à cet endroit précis, le 28 juin 1888. Qu'est-ce qui a causé cet accident ? Pour répondre à la question, observez les éléments présents à ce carrefour.

Une arme

Un orage

Un filet

Un aigle

Notez dans la grille le mot (sans l'article) associé à la plaque qui n'est pas sur ce carrefour :

๑	•		Θ	

Précision lexicale :
Une montgolfière a pour combustible de la paille. Elle s'élève grâce à l'air chaud et redescend quand l'air refroidit. Un ballon à gaz ou charlière (du nom du physicien Charles, son inventeur) est un ballon fermé, recouvert d'un filet et propulsé par du gaz (à l'origine de l'hydrogène puis du gaz d'éclairage, meilleur marché).

6. L'as des as

Une petite marche sportive vous attend pour gagner l'étape suivante. Lisez bien les petites lignes de la carte postale ci-dessous :

Entrez dans le champ de repos et cherchez, dans la 7e division, le long du mur, la tombe de Louis Coudouret (1896-1929). C'est l'une des rares sépultures surmontées d'une croix. Aviateur, pilote de chasse, Louis Coudouret voulut, après l'exploit de Charles Lindbergh, faire de même « à l'envers », c'est-à-dire être le premier à rallier les États-Unis depuis la France. Son avion qu'il ramenait de Séville à Paris, en prévision de cette traversée de l'Atlantique contre les vents dominants, s'écrasa en 1929 à Saint-Amant-de-Bonnieure (Charente). Lisez les inscriptions sur la pierre tombale et notez dans la grille :

				Ợ				ổ	Ộ

Derrière les murs du cimetière se trouvait de 1777 à la fin du XIXe siècle la manufacture de produits chimiques du comte d'Artois, futur Charles X, d'où sortait de l'acide sulfurique, de l'acide nitrique, de la céruse, de l'alun puis de l'hypochlorite de potasse, plus connu sous le nom d'eau de Javel. Comme l'usine de Vaugirard, cette fabrique fournissait aux aérostats de l'hydrogène (obtenu par réaction du fer et de l'acide sulfurique). Une soixantaine de charlières ont volé dans les environs de Javel.

7. Ici Papa Tango

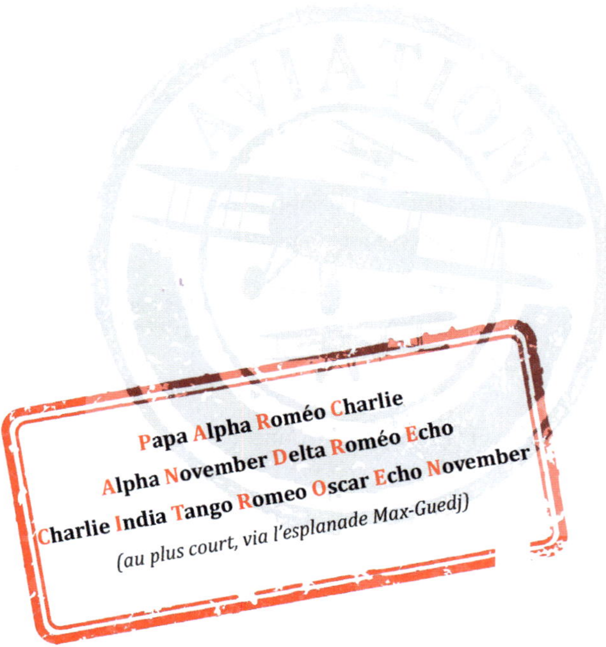

Forcément... Vous vous doutiez bien que nous allions vous conduire auprès de ce ballon captif venu, au tournant du siècle, se balancer dans le ciel de Paris, après quatre-vingts ans d'interruption de vols d'aéronefs. Ce ballon, le plus grand du monde, n'est pas seulement une plaisante attraction touristique, c'est aussi un laboratoire volant qui analyse la qualité de l'air (de vert : bon, à rouge : mauvais, en passant par orange : médiocre). Bon à savoir : son accès est gratuit pour les petits Parisiens de moins de 12 ans sur présentation de justificatifs de domicile et d'âge.

Cherchez, sur un mur bordant la dalle en pente douce, devant l'une des grandes serres, le panneau intitulé « Si Javel m'était conté ».

Dans la dernière phrase, quels mots suivent « chimistes, aérostiers et » ?

Inscrivez ce groupe nominal dans la grille :

€										Ō	

	'										
						©					

Ce parc inauguré en 1992 est le seul espace vert directement ouvert sur le fleuve. À droite (quand on est face à la Seine), six jardins à thème se succèdent, dont chacun est associé à la fois à un métal, une planète, un jour de la semaine, un élément aquatique et un sens.

Atterrissage imminent

Vous disposez à présent des symboles nécessaires pour décoder ce qui suit :

																z
@	Φ		Ỏ	෧	ổ	@		Ợ	Ộ		Є	෧	ổ	Ỏ	Ộ	

Ỏ	෧	ổ	@		Ộ	Ợ	Ỏ	෧	Ọ	Ộ	•		Ō	Ŏ	Ợ	@		Ọ	Ộ

						,								z	-				
¤	Ŏ	Ọ	Ọ	෧	Ợ		•	Ộ	Ő	ổ	Θ	Φ	Ộ			Ỏ	෧	ổ	@

																(			
Ō	Ŏ	Ợ	@		Ọ	Ộ	@		@	Ộ	•	•	Ộ	@			@	Φ	°

Є	Ộ	Ǿ	Φ	Ǿ	Ộ	@		Ộ	Ǿ		Ō	Ộ	ổ	°

							)	:									
Θ	•	Ŏ	Ợ	Ō	Ộ	@			Ō	Ộ	Ọ	Φ	⊙	Φ	Ộ	ổ	°

														.
⊙	෧	⊙	෧	Ợ	@		Φ	Ợ	Ǿ	Φ	©	Ộ	@	

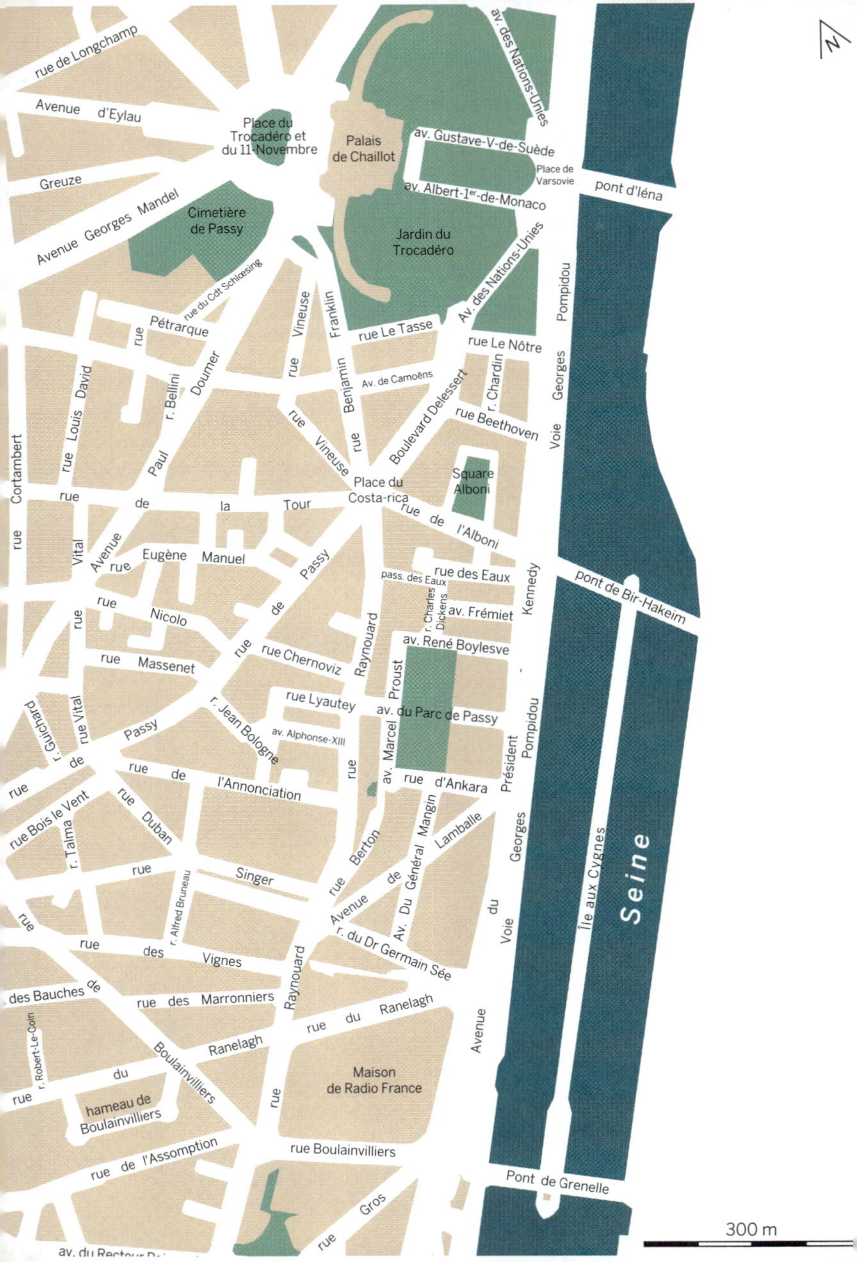

N
rue de Longchamp
Avenue d'Eylau
Place du Trocadéro et du 11-Novembre
Palais de Chaillot
av. des Nations-Unies
av. Gustave-V-de-Suède
Place de Varsovie
pont d'Iéna
Greuze
av. Albert-1er-de-Monaco
Avenue Georges Mandel
Cimetière de Passy
Jardin du Trocadéro
rue du Cdt Schlœsing
Av. des Nations-Unies
rue Pétrarque
rue Vineuse
Franklin
rue Le Tasse
rue Le Nôtre
Pompidou
Georges
Voie
rue Louis David
r. Bellini
Paul Doumer
rue Benjamin
Av. de Camoëns
Boulevard Delessert
r. Chardin
rue Beethoven
rue Vineuse
Cortambert
Place du Costa-rica
Square Alboni
rue de la Tour
rue de l'Alboni
rue Vital
Avenue
rue Eugène Manuel
rue de Passy
pass. des Eaux
rue des Eaux
Kennedy
pont de Bir-Hakeim
rue Nicolo
r. Charles Dickens
av. Frémiet
Raynouard
av. René Boylesve
rue Massenet
rue Chernoviz
Proust
rue Lyautey
av. du Parc de Passy
r. Guichard
rue Vital
r. Jean Bologne
Passy
av. Alphonse-XIII
av. Marcel
Président
Pompidou
rue de Passy
rue de l'Annonciation
rue
rue d'Ankara
rue Bois le Vent
rue Duban
Mangin
Lamballe
Georges
r. Talma
rue Singer
rue Berton
Général
Du
Avenue de
du
Voie
Île aux Cygnes
Seine
r. Alfred Bruneau
rue
rue des Vignes
Av.
r. du Dr Germain Sée
Raynouard
des Bauches
de
rue des Marronniers
rue du Ranelagh
r. Robert-Le-Coin
Ranelagh
Boulainvilliers
Avenue
du
rue
Maison de Radio France
rue
hameau de Boulainvilliers
rue
rue de l'Assomption
rue Boulainvilliers
Pont de Grenelle
Gros
rue
300 m

16^{e}
ARRONDISSEMENT

LA BALADE DE JIM

Vous devez remplacer au pied levé votre meilleur ami, *dog-sitter* à Passy. Il s'est cassé une jambe et ne peut assurer la promenade bi-quotidienne de sir Jim, le chien chinois nu à crête de Diane de Rocquencourt. La comtesse est prévenue, elle a donné son accord, à la condition expresse que vous respectiez le parcours habituel, absolument immuable. Mais ce parcours, personne ne vous en a détaillé le tracé. En fin limier, vous allez devoir suivre votre instinct ou plutôt celui de l'animal.

DISTANCE ± 3 km
DURÉE ± 2 h
DIFFICULTÉ ●●●

1. Une question de flair

Vous voilà sur le trottoir, avec ce drôle d'animal impatient qui tire sur sa laisse Fuitton et vous entraîne au pas de course jusqu'à l' :

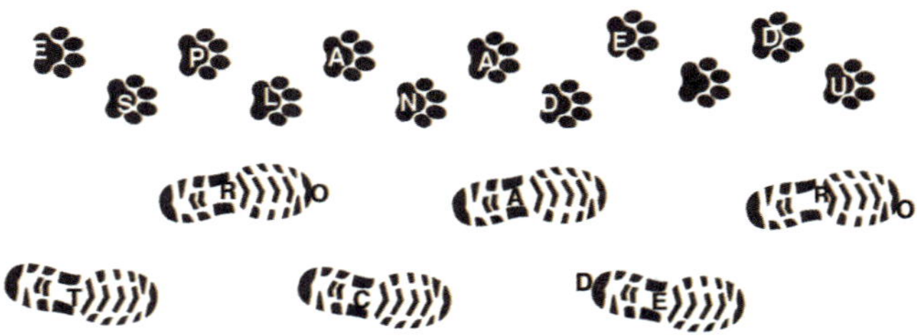

Vous y êtes. Jim se dirige droit vers une des huit statues dorées. Une seule retient son attention, au pied de laquelle tous les cabots du quartier viennent lever la patte.

Inscrivez dans la ligne blanche de la grille ci-dessous le nom de famille du sculpteur figurant sur le socle :

¿									

2. Une piste enivrante

Après avoir humé avec délice ce fumet capiteux, Jim a pour habitude de tourner en rond quelques instants sur les dalles. Observez son manège pour connaître votre prochaine destination.

Précédé par un Jim frétillant, vous atteignez cette destination. À cette adresse a vécu un homme illustre. Écrivez ci-dessous son nom :

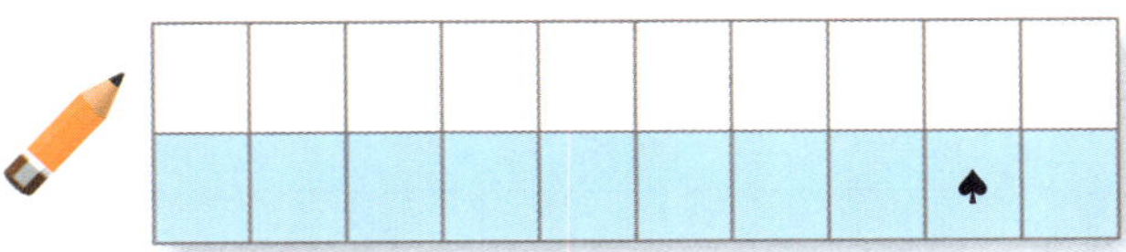

Baissant la tête, vous constatez que Jim conte fleurette à Bambou, fort élégante barzoï rousse qu'il croise ici-même, tous les jours, à 10h13 et 18h21. Les hommages ayant été distribués et rendus, Jim daigne poursuivre la balade.

3. La truffe au vent

Descendez sur la place où plusieurs directions s'offrent à vous. Jim vous entraîne à sa suite, au petit trot dans la :

Là, Jim lève traditionnellement la patte sur la « sucette » Decaux ancrée près du mur. Profitez-en pour lire son texte. Notez ci-dessous le pseudonyme mentionné :

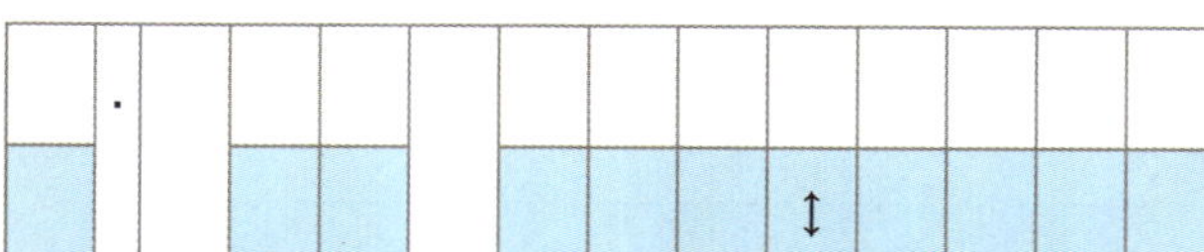

Le refuge de l'écrivain était à l'époque mieux caché qu'aujourd'hui. Il était masqué par une autre maison que l'élargissement de la rue a supprimée en 1937. Il n'en reste que la porte, celle ouvrant sur l'escalier menant au jardin.

4. Un p'tit coin de paradis canin

Jim repart, pressé de rallier sa prochaine étape.

Cette escale est l'une de ses préférées : tranquille, elle est équipée de quelques touffes de verdure, d'un réverbère et de quatre bornes qu'il honore à tour de rôle d'un micro-jet discret. Une plaque est fixée sur le mur, évoquant une limite. Il s'agit de la limite des :

							←			

Les informations de cette plaque sont à prendre au conditionnel car d'anciens témoignages la contredisent, plaçant plutôt cette limite sur l'emplacement de la Maison de Radio France, avec de solides arguments à l'appui. Cette grosse pierre ne serait là que pour interdire l'accès des charrettes. Cette étroite voie était primitivement un chemin qui, des berges de la Seine, montait au sommet des coteaux de Passy à travers les vignobles.

5. À bras le corps, nom d'un chien !

C'est reparti ! Jim continue tout droit puis, à l'extrémité de la ruelle, il choisit – gourmand comme il est – d'emprunter l' :

Quelques dizaines de mètres plus loin, il stoppe devant le :

Lisez le panneau à l'entrée et relevez l'initiale commune aux arbres décoratifs plantés autour de la vaste pelouse.

Cet espace est interdit aux chiens. Mais Jim vous fait comprendre qu'il y a moyen de contourner l'interdiction. Vous le portez donc, en vous réjouissant qu'il ne s'agisse pas d'un doberman.

6. Une impasse fort appétissante

En sautant de vos bras, Jim s'ébroue et se dégourdit les pattes en direction de la :

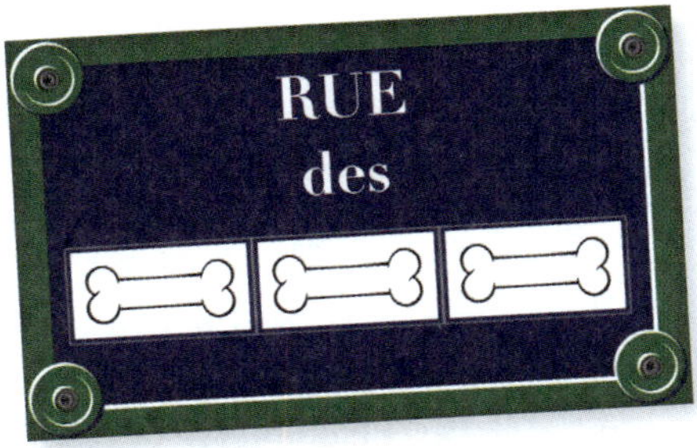

Là, le clebs furète dans une sorte d'impasse et s'attarde comme de coutume le long d'une grille noire hérissée de pointes. Quel site touristique aperçoit-on derrière cette grille ?

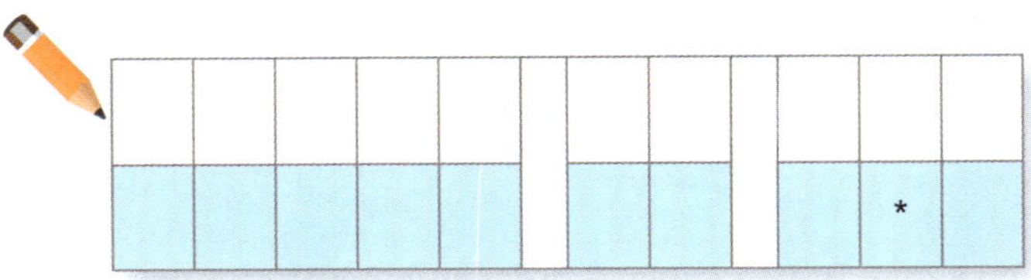

Jetez un coup d'œil à l'escalier dissimulé au fond à gauche de la placette. Ses 114 marches bordées de hauts murs forment un raccourci apprécié des habitants du quartier.

7. L'air du large

Tournant le dos à la grille, Jim descend la rue, pivote à gauche puis, face au viaduc du métro, suit la direction indiquée :

Il s'arrête au niveau de l'arche en pierre et regarde fixement une sculpture – la dignité humaine dans toute sa splendeur.

Pendant que Jim se soulage près de la gouttière, notez ci-après le nom du sculpteur :

				♥	◊			•

8. La croisette des toutous

Est-ce vraiment nécessaire de vous indiquer la destination suivante ? Ceci vous confortera dans votre intuition :

C'est là que Jim retrouve tous ses copains.

							♪								♣

Opération stimuli

Tous les symboles glanés au fil des indices vous permettent à présent de trouver votre destination finale.

♠	↕		¤	*	♪	¿		¿	♪		♥	♠

♣	•	♠	•	↕	♪		¿	♪		♥	♠		♥	*	◊	♪	←	•	♪

C'est là, à l'extrémité de cette étroite digue, que le *dog-sitter* de Jim se livre quotidiennement à une séance de searching, une technique consistant à répandre des croquettes sur le sol, en particulier dans les zones où il y a des recoins et des plantes afin que le chien les cherche et les trouve. Cela permet de stimuler son odorat. Profitez-en aussi pour stimuler vos muscles avec les équipements présents sur place si vous avez encore de l'énergie.

Place de Clichy
Avenue de Clichy
rue Biot
rue Lécluse
rue Darcet
rue Caroline
rue A. Truchet
rue des Dames
rue Lechapelais
rue Hélène
cour St Pierre
cité Lemercier
rue Condamine
Place St Jean
pass. St Michel
rue St Jean
rue Jacquemont
villa Jacquemont
rue Lemercier
rue La Condamine
rue Nollet
rue de Bizerte
rue Truffaut
rue du Mont-Dore
rue des Batignolles
Place R. Baret
rue Mariotte
rue Puteaux
Boulevard des Batignolles
rue Boursault
imp. Boursault
rue Beudant
rue Léon Droux
r. de Chéroy
rue Clairaut
rue Lecomte
rue des Moines
rue Legendre
rue Nollet
sq. Nicolay
rue Truffaut
rue Lamandé
rue Bridaine
rue des Dames
rue Boursault
rue de Rome
rue Brochant
sq. Nollet
Place du Dr Félix Lobligeois
Place Charles Fillion
square des Batignolles
rue Cardinet
pass. du Cdt Ch. Martel
rue Dulong
rue de Saussure
pass. G. Didelot
rue Lebouteux
rue de Rome
rue Dulong
rue Saussure
rue Salneuve
r. Claude Pouillet
rue Legendre
rue de Lévis
rue Tarbé
rue de la Terrasse
villa de la Terrasse
sq. Gabriel Fauré
sq. H. Duparc
la Tombelle
sq. F. de
sq. E. Chabrier
sq. C. Debussy
Place de Lévis
rue de Tocqueville
rue de Villiers
rue de
rue Léon Cosnard
rue d'Abbans
rue des Fermiers
passage Cardinet
rue Cardinet
rue Jacques Bingen
rue de la Félicité
cité de Pusy
rue D. de Sévérac
rue Jouffroy
imp. Léger
villa Malesherbes
Place du Général Catroux
rue G. Berger
rue de Thann
rue de Saussure
Boulevard Pereire
rue du Printemps
rue de Monbel
rue Tocqueville
rue Daubigny
rue P. Borel
Boulevard Malesherbes
Avenue de
rue de Phalsbourg
rue H. Rochefort
rue de Logelbach
Bd de Courcelles
rue des Tapisseries

17e

ARRONDISSEMENT

LE PEINTRE ET SA PALETTE

Un peintre a perdu sa palette. En acheter une neuve ? Inconcevable ! Les artistes ont leurs outils de travail fétiches. Il faut retrouver la palette égarée. Le peintre sort parfois de son atelier avec tout son barda pour portraiturer tel bourgeois, telle matrone ou leur rejeton. Il a dû oublier sa palette dans l'un ou l'autre des salons où il a posé son chevalet. Vous allez devoir marcher sur ses pas pour retrouver cette palette et savoir *in fine* de quel peintre il s'agit.

CONDITIONS D'ACCÈS :
Ce parcours peut être effectué tous les jours sauf le mardi (jour de fermeture de la destination finale).

DISTANCE ± 2 km
DURÉE ± 1 h 45
DIFFICULTÉ ●●●

1. Chez le marchand de couleurs

L'étourdi se souvient d'être passé chez un marchand de peintures et de pinceaux dont voici l'adresse :

Il y a d'ailleurs sur la façade de l'ancienne maison Hennequin une palette ci-dessous reproduite, en noir et blanc. Sur quelle couleur la flèche rouge est-elle pointée ?

Reportez cette couleur dans la première ligne de la grille :

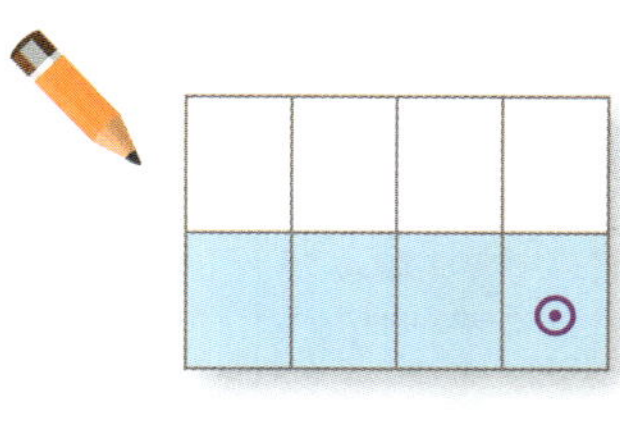

2. Arrêt au troquet

À l'aide des deux « sucettes » Decaux présentes un peu plus bas dans l'avenue, complétez les phrases suivantes :

Nombre de personnes sous la tonnelle, sur le tableau conservé au musée de Tournai (en chiffre) :	
Nombre de tables à gauche de l'entrée du café Guerbois (en chiffre) :	
Initiale de l'artiste mentionné entre Degas et Fantin-Latour :	
Voyelle doublement présente dans l'adjectif qualifiant le vin du Père Lathuille :	
Initiale du prénom de Manet :	
Initiale de l'artiste mentionné entre Bazille et Renoir :	
Il ne fallait rien lui laisser (initiale) :	
Adjectif qualifiant la cuisson du lapin (initiale) :	
Initiale de l'écrivain mentionné avec Zola :	
Animal cuisiné en matelote (initiale) :	
Initiale de l'artiste mentionné entre Pissarro et Cézanne :	
Voyelle doublement présente dans le nom du marchand de couleurs :	
Consonne finale du nom du café :	

La destination où vous devez vous rendre devrait apparaître à droite, en acrostiche. C'est là que notre peintre a bu un p'tit canon, ou peut-être deux voire trois. Il ne se souvient plus exactement. À cette adresse vous attend une autre façade en mosaïque, ornée cette fois de grappes de raisin. Dirigez-vous vers la grappe qui n'est pas cachée par une plaque de rue et comptez ses grains. Attention : restez bien dans la même rue, ne vous occupez pas des grappes sur la façade latérale.

25 BORDEAUX	27 LIE-DE-VIN	29 VERMILLON

Reportez la couleur qui correspond au nombre exact de grains dans la grille ci-dessous :

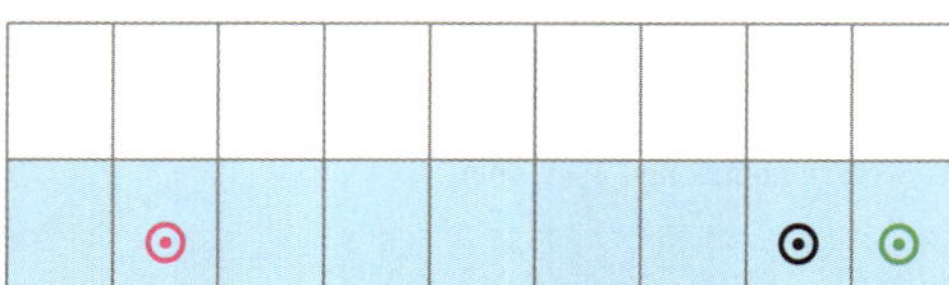

Le nom de cette rue se réfère aux religieuses de Montmartre. Cette très ancienne voie signalée dès le XVIe siècle reliait le village des Ternes à l'abbaye bénédictine. Avant l'extension du cimetière de Montmartre, elle se prolongeait jusqu'à la rue des Abbesses.

3. L'errance se poursuit

Toujours sur cette même façade en mosaïque épousant l'angle des deux rues, cherchez au ras du sol une petite plaque portant le nom, l'adresse et le téléphone des artisans carreleurs. Un conseil : prenez-la en photo pour l'exploiter sans vous briser le dos.

1	2	3	4	5

6	7	8		9	10	11
			H			

12	13	14	15	16

À cette adresse, cherchez un bâtiment administratif. Au niveau des marches, près de l'entrée, une autre « sucette » Decaux vous attend. Vous découvrirez entre ses lignes le surnom du bâtiment qui se trouvait là de 1849 à 1971 :

4. Embrouillamini

Le peintre étourdi se souvient d'être allé portraiturer une donzelle bien née un peu plus bas dans la rue. Mais où exactement ? Dans sa tête, les mots et les lettres se mélangent, à l'image des touches de couleur sur sa palette. Rassemblez les pastilles par camaïeux (un mot bleu, un mot rouge, un mot jaune), puis, au sein de chaque mot, placez les lettres dans l'ordre pour trouver la destination.

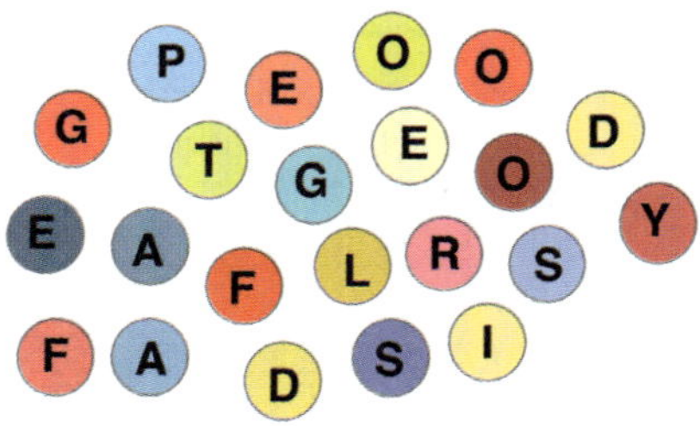

À cette adresse, cherchez une devanture bleue, et un clin d'œil. Une photo de famille vous y attend. Relevez ci-dessous le nom de l'instrument que tient le musicien :

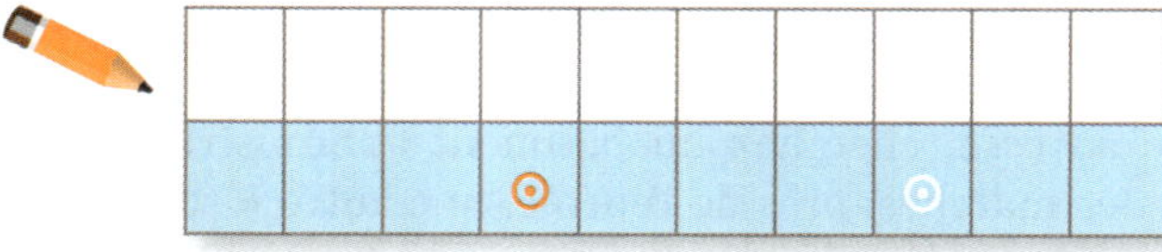

Puis notez le nombre de chiens :

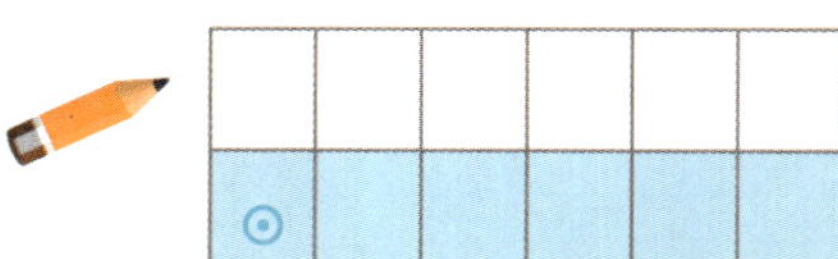

5. Une place, trois statues

La quête touche à sa fin. Après avoir fait le tour de tous ses clients, le peintre s'est rendu à l'évidence : la palette ne peut être que dans son atelier, où règne une pagaille monstre. Suivez-le…

PLACE
DU

Trois sculptures ornent cette place, toutes en lien avec un nom célèbre. Dirigez-vous d'abord vers la sculpture métallique et lisez le panneau informatif de la mairie de Paris.

Quelle ville de l'Aisne est mentionnée ? _________________
Reportez ci-dessous son initiale.

Déplacez-vous maintenant vers la statue qui est entièrement taillée dans de la pierre. Quel écrivain honore-t-elle ? Le nom est gravé sur le socle, utilisez au besoin un zoom.

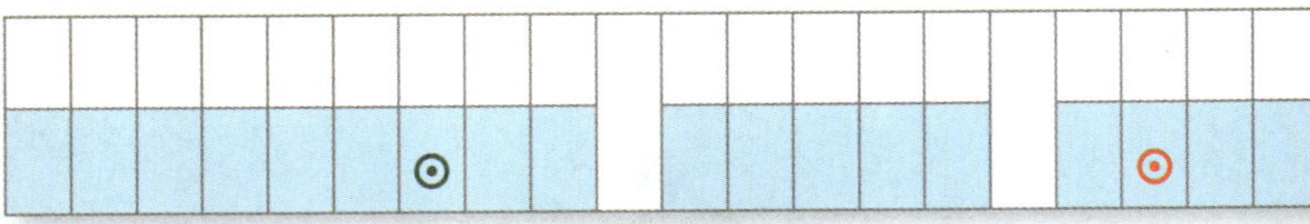

Dirigez-vous enfin vers le groupe sculpté en bronze et observez les inscriptions figurant sur son socle. Quel titre est pris en sandwich entre « La Conscience » et « La Jeunesse de Louis XIV » ?

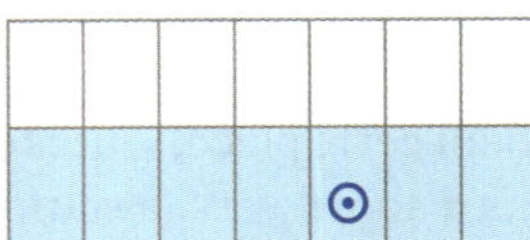

Le pan sud de la place est bordé d'un étonnant bâtiment oscillant entre le néo-gothique et le néo-Renaissance. Directement inspirée par l'architecture des châteaux de Gien et de Blois, elle fut édifiée par Jules Février en 1879 pour abriter les collections d'œuvres d'art du Moyen Âge et de la Renaissance du banquier Émile Gaillard. Il abrite désormais la Citéco, Cité de l'Économie et de la Monnaie.

Plein les mirettes

Vous possédez maintenant toutes les cartes en main pour vous rendre à l'atelier du portraitiste. Nul doute que vous êtes impatient de connaître son identité et de savoir si oui ou non il a retrouvé sa palette.

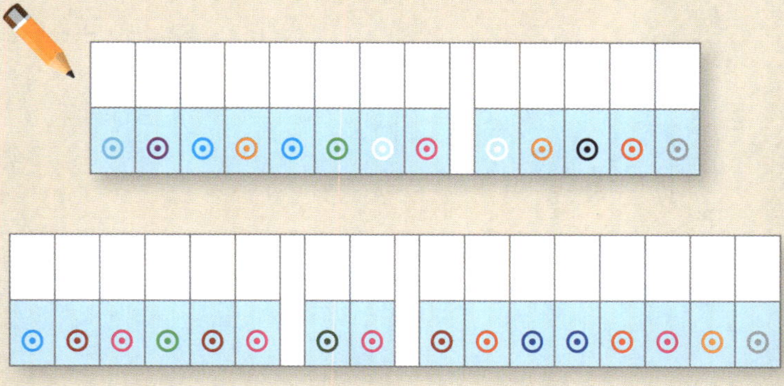

Nous vous conseillons de prendre le temps de visiter cet hôtel particulier à l'atmosphère intimiste. Au-delà des œuvres qu'il renferme, il est un rare témoignage accessible au public de l'aménagement d'un intérieur bourgeois sous la IIIe République.

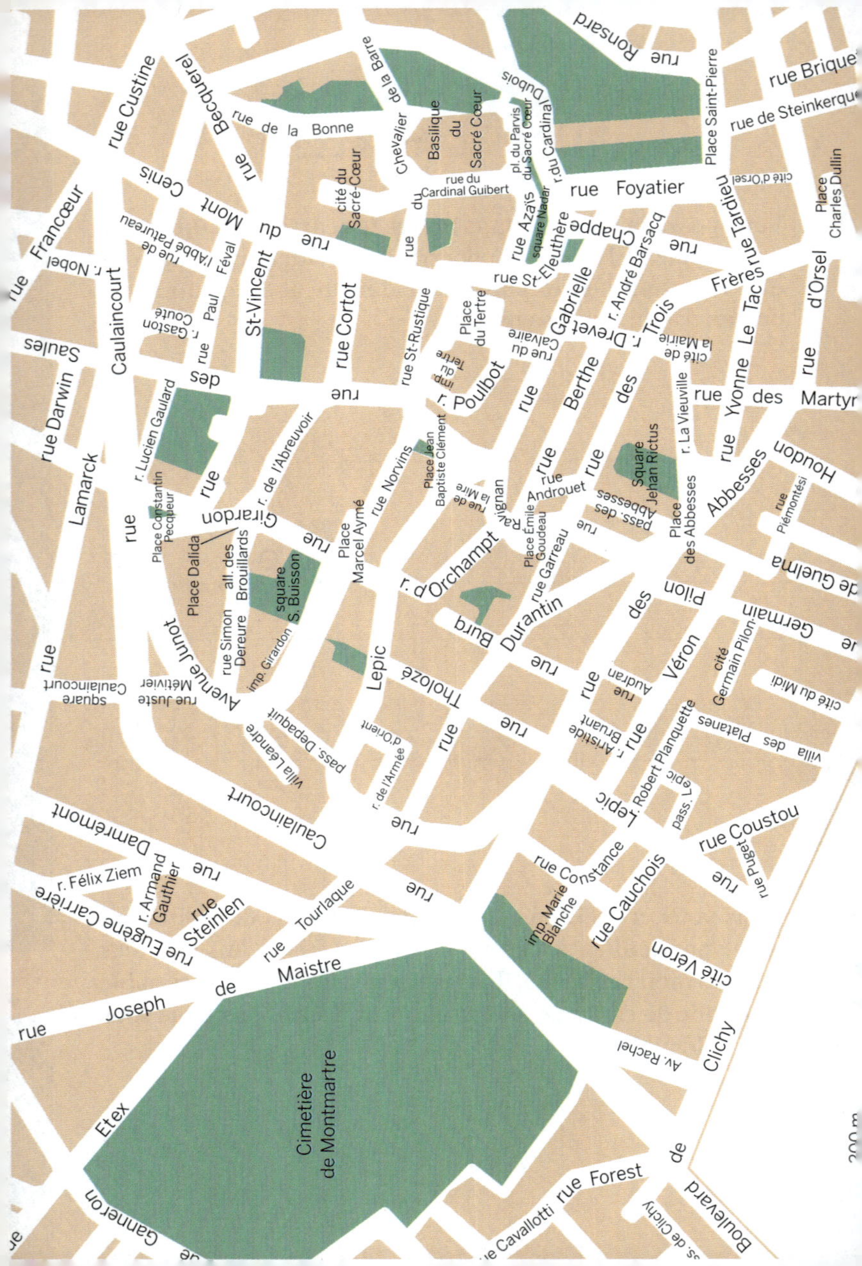
Basilique du Sacré Cœur
rue Foyatier
rue Ronsard
Place Saint-Pierre
rue Briquet
rue de Steinkerque
Place Charles Dullin
cité d'Orsel
rue d'Orsel
rue Tardieu
rue Custine
rue Becquerel
rue de la Bonne
rue du Chevalier de la Barre
cité du Sacré-Cœur
rue du Cardinal Guibert
pl. du Parvis du Sacré Cœur
r. du Cardinal Dubois
rue Azaïs
square Nadar
rue du Mont Cenis
rue Francœur
r. Nobel
rue de l'Abbé Patureau
rue Paul Féval
rue St-Vincent
rue Cortot
rue St-Rustique
Place du Tertre
rue St-Eleuthère
rue Chappe
rue André Barsacq
rue Gabrielle
r. Drevet
rue des Trois Frères
rue Yvonne Le Tac
rue des Martyrs
cité de la Mairie
rue La Vieuville
rue Caulaincourt
r. Gaston Couté
rue des Saules
rue Darwin
rue Lamarck
r. Lucien Gaulard
rue du Calvaire
imp. du Tertre
r. Poulbot
Place Jean Baptiste Clément
rue Norvins
r. de l'Abreuvoir
rue Girardon
Place Constantin Pecqueur
Place Dalida
all. des Brouillards
square S. Buisson
rue Simon Dereure
imp. Girardon
Place Marcel Aymé
rue de la Mire
rue Ravignan
Place Émile Goudeau
rue Androuet
rue Berthe
Square Jehan Rictus
pass. des Abbesses
Place des Abbesses
rue des Abbesses
rue Houdon
rue Piémontési
rue de Guelma
rue Germain Pilon
cité Germain Pilon
cité du Midi
rue Véron
rue Audran
r. Aristide Bruant
r. Robert Planquette
villa des Platanes
pass. Lepic
rue Coustou
rue Puget
rue Garreau
r. d'Orchampt
rue Burq
rue Durantin
rue Tholozé
rue Lepic
r. de l'Armée d'Orient
pass. Depaquit
villa Léandre
Avenue Junot
rue Juste Métivier
square Caulaincourt
rue Damrémont
r. Félix Ziem
r. Armand Gauthier
rue Steinlen
rue Tourlaque
rue Eugène Carrière
rue Joseph de Maistre
rue Constance
imp. Marie Blanche
rue Cauchois
cité Véron
Av. Rachel
Cimetière de Montmartre
rue Etex
rue Ganneron
rue Forest
rue Cavallotti
pass. de Clichy
Boulevard de Clichy

18e
ARRONDISSEMENT

ART & IMPERTINENCE

Ce matin, vous vous êtes levé avec une illumination : une envie est là, depuis longtemps, celle de laisser libre cours à votre âme d'artiste. Pourquoi attendre ? La vie est courte. Mais il va falloir faire un choix parmi toutes les disciplines artistiques qui s'offrent à vous. L'impulsion est subite et le projet créatif encore flou. Une chose est sûre : l'art consensuel et académique vous ennuie. Vous aimez nager à contre-courant du politiquement correct. Laissez-vous donc guider au fil d'un parcours sur la butte Montmartre, source d'inspiration intemporelle pour les artistes de tout poil.

DISTANCE ± 2,5 km
DURÉE ± 2 h 30
DIFFICULTÉ ●●●

1. Oser la provoc'

En préambule, nous vous recommandons d'aller rendre une petite visite à un maestro de l'art poil-à-gratter. Il réside, ainsi que de nombreuses autres célébrités défuntes, sous un pont. Sous ce pont, non loin de l'entrée, pendouillent des plans. Empruntez-en un, le plus récent possible, et ralliez le point :

94

Vous y êtes ? Voyez cette sculpture en bronze qui se dresse à la façon d'un doigt d'honneur – ultime pied-de-nez de l'artiste. Elle s'accompagne d'une épitaphe non moins provocante. Relevez ces trois mots dans les lignes blanches ci-dessous :

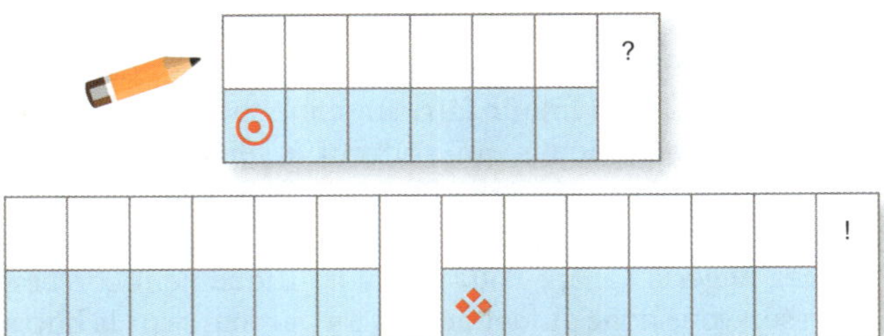

Le caricaturiste et son ami le réalisateur Benoît Delépine acquirent en 2009 une concession à perpétuité pouvant accueillir 60 « potes incinérés », histoire de déconner post-mortem en bonne compagnie. Bons (et à l'époque encore tous deux bien) vivants, les associés avaient tout prévu, jusqu'aux CD qui les accompagneraient et au cru du beaujolais qui arroserait leurs funérailles. Maurice fut le premier à inaugurer le caveau, en 2016.

2. Lire entre les lignes

Votre smartphone vibre, affichant un message :

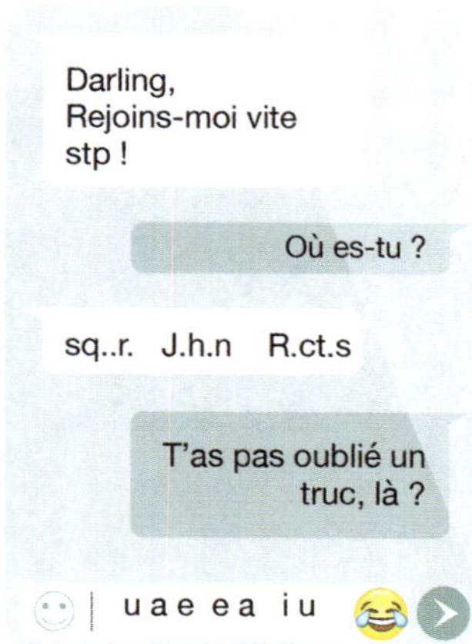

Sur place, vous voilà pris dans un essaim de touristes s'adonnant à des selfies devant un mur couvert d'inscriptions. Sur ce mur, une silhouette d'animal, incongrue et comme égarée qui semble vouloir s'évader, non loin d'un angle. De quel animal s'agit-il ?

CHOUETTE

SCARABÉE

PAPILLON

Inscrivez son nom dans la première ligne de la grille :

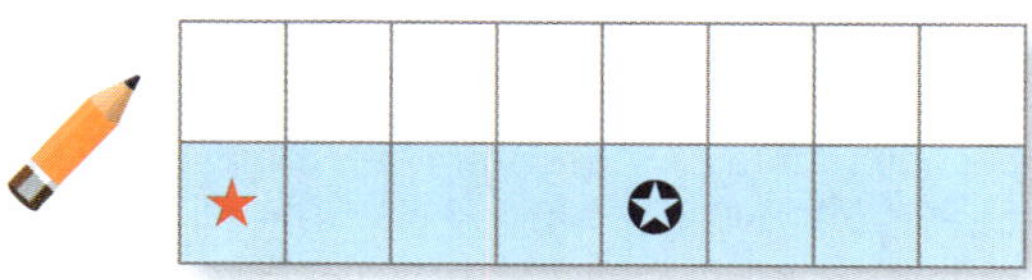

3. Sortir des sentiers battus

Laissez la foule polyglotte à son sentimentalisme convenu, sortez du square et dirigez-vous vers le :

En bas des marches, une grille porte un panneau d'information relatif à un jardin. Lisez-le et notez ci-dessous l'adjectif qualifiant le roi :

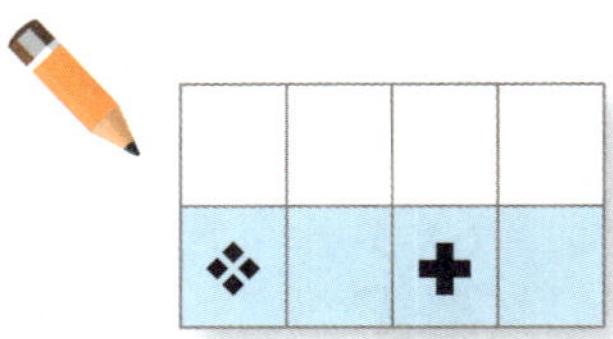

Ce passage est un terrain d'expression privilégié pour les street artistes. Collages, graffs, pochoirs, modelages et autres performances se succèdent sur les parois de cette galerie « sauvage ». Beaucoup d'acteurs de l'art urbain aujourd'hui reconnus ont fait ici leurs premières armes (Jérôme Mesnager, Gregos, Jack Servoz...).

4. Savoir saisir sa chance

Grimpez l'escalier. En haut des marches vous attend un décor associé à un film culte du cinéma français. Cherchez sur la devanture rouge et verte les réponses aux questions suivantes :

Mot compris entre « Collignon » et « Chignon » :

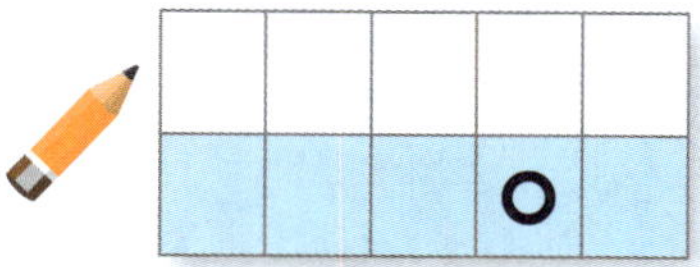

Mot compris entre « Lucien » et « pourrais » :

Mot compris entre « Audrey » et « Mathieu » :

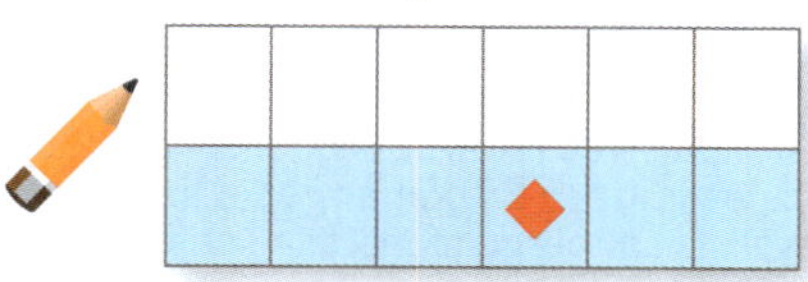

Cette rue fut ouverte vers 1840 sur un terrain appartenant à trois frangins, les sieurs Dufour.

5. Mêler art et amitié

Votre prochaine escale est à deux pas : restez sur le même trottoir, longez la rue puis tournez à droite. Hissez-vous sur une placette biscornue et très pentue – véritable image d'Épinal avec son réverbère, sa fontaine Wallace et son banc. Dirigez-vous vers le bâtiment bordant la place à gauche. Une vitrine vous en détaille le glorieux passé.

Relevez dans la grille le courant pictural qui vit ici le jour :

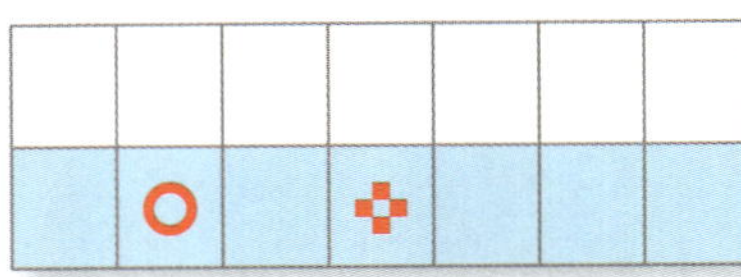

À cet emplacement se trouvait le verger de l'abbaye des Dames de Montmartre. Ce lopin de terre fut vendu comme bien national en 1792, avec les arbres qu'il portait. L'un d'eux dominait tous les autres : un poirier géant surnommé le Poirier Sans Pareil. Un aubergiste installa sous sa frondaison une guinguette, clouant au creux de ses branches une table où douze personnes pouvaient dîner commodément au milieu des fruits. Le succès fut de courte durée car la fragilité du sous-sol, miné par d'anciennes carrières, imposa la fermeture de l'établissement en 1814.

6. Avoir le sens du détail

Rendez-vous maintenant sur une place qui rend hommage à un écrivain originaire de Franche-Comté, Montmartrois d'adoption.

Là, une statue vous tend la main. Libre à vous de la saisir... ou pas. Comptez surtout le nombre de boutons de chemise visibles sous son poignet gauche. Combien y en-a-t-il ?

1 → K
2 → X
3 → Y

Reportez la lettre correspondante dans la case blanche :

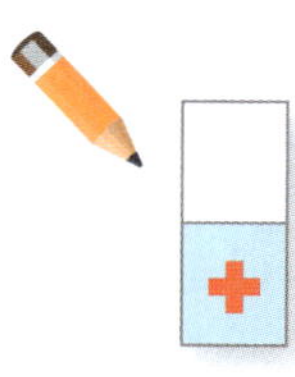

7. Garder les idées claires

Pour trouver votre prochaine destination, fiez-vous à cette partition :

Là, non loin du buste, se trouve une « sucette » Decaux évoquant un château et un homme de lettres. Ce dernier appartenait à un groupe de jeunes romantiques du milieu du XIXe siècle : le Petit-Cénacle. Ses membres – peintres, statuaires, graveurs ou écrivains – s'adonnaient au chahut, à la boisson, aux farces, aux jeux de mots et au bouzingo (barouf). Relevez ci-après le prénom et le nom de cet homme :

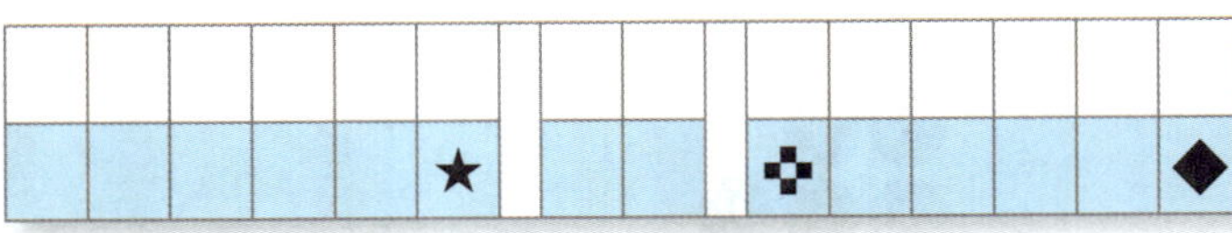

L'abreuvoir dont parle le panneau se trouvait dans la cuvette pavée, en contrebas de la balustrade. Les bêtes (chevaux, ânes, vaches, moutons…) venaient le soir se désaltérer et se refraîchir les pattes après leur labeur dans les carrières, les champs ou sur les chemins. Le spectacle de leurs ébats dans la mare attirait toujours une petite troupe de badauds : gamins du village, lavandières, nourrices à la causette, bourgeois flâneurs et artistes en mal d'inspiration.

8. Se forger une identité

En dépit des brumes encore présentes, vous parvenez à localiser l'étape suivante :

Là, sur la façade, une plaque en marbre liste divers artistes ayant vécu à cette adresse. En procédant par ordre et par élimination, isolez celui répondant aux caractéristiques suivantes :

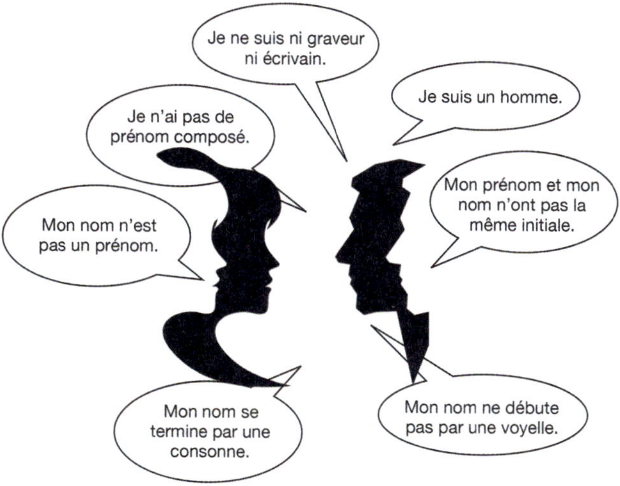

Cette bâtisse était au XVIIe siècle la villégiature de Claude de La Rose, dit Rosimond, un comédien qui jouait au théâtre de l'Hôtel de Bourgogne le répertoire de Molière en tenant les rôles que Molière avait joués. Comme Molière, il écrivait des comédies et comme lui, il mourut en pleine représentation du *Malade imaginaire* (en 1686).

Notez ci-après le prénom et le nom de cet artiste :

9. Bousculer les conventions

Un mastodonte blanc haut de 43 mètres vous servira de phare. Une fois arrivé tout près de lui, tournez-lui le dos pour faire face à un immeuble au revêtement de briquettes beiges. Quatre bas-reliefs encadrent les balcons au niveau du 2e étage. Ils mettent en scène des animaux dans des postures intrigantes, tels ce rat chevauchant un chat ou cette bestiole à l'appendice surdimensionné couvrant le dôme du Sacré-Cœur. De quel animal s'agit-il ? Notez son nom dans la grille.

						-						
	★				⊙					⬟		

L'ornementation de cet immeuble construit dans les années 1930 laisse d'autant plus perplexe que ni l'architecte ni le sculpteur n'ont signé leur réalisation. On peut supposer que la Seconde Guerre mondiale a interrompu le travail du sculpteur. En effet, les ornements du fronton (au-dessus de la porte) semblent avoir été laissés en plan, comme inachevés.

10. Ne pas perdre le nord

Pour rejoindre votre dernière étape, levez les yeux et laissez-vous guider :

Vous allez : ______________________

Clin d'œil belge

Installez-vous sur les marches ou sur un banc pour décoder la révélation finale à l'aide des symboles glanés au fil de la balade dans les cases bleutées :

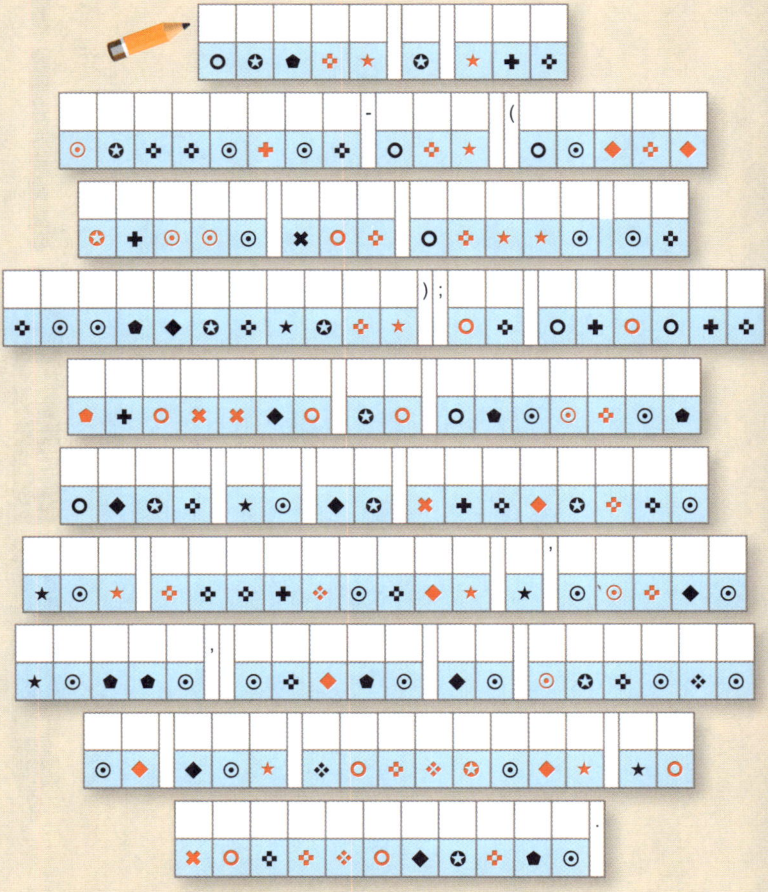

Quai de l'Allier
Quai du Lot
Quai de la Charente
Canal Saint-Denis
Quai de la Gironde
Canal de l'Ourcq
Bd Macdonald
rue Benjamin Constant
sentier de la Station
rue Alphonse Karr
rue Rouvet
r. Dampierre
rue de l'Argonne
rue Barbanègre
rue de Flandre
rue de Nantes
Quai de la Marne
rue de l'Aisne
rue de l'Oise
l'Ourcq
Gare Rosa Parks
rue Gaston Tessier
Square du Ver Têtu
rue Bernard Têtu
rue de Cambrai
rue de l'Ourcq
pass. Wattieaux
rue Curial
imp. de Joinville
rue de Joinville
Place de Joinville
r. Gresset
rue Émélie
rue Jomard
Place de Bitche
r. de Colmar
rue de Crimée
rue de l'Escaut
pass. de Crimée
cité Pottier
rue Archereau
rue Labois-Rouillon
rue Mathis
all. des Orgues de Flandre
rue Duvergier
imp. des Anglais
pass. Desgrais
rue Raymond Radiguet
Bassin de la Villette
Quai de la Seine
Quai de la Loire
rue Riquet
rue de Rouen
pass.de Flandre
villa Curial
rue d'Aubervilliers
Place du Maroc
imp. du Maroc
rue de Soissons
rue du Maroc
rue de Tanger
r. G.Rebuffat
rue du Département
Boulevard de la Villette
N
200 m

19e
ARRONDISSEMENT

ÉTONNEZ-MOI !

En misant sur le 19e arrondissement, vous pensiez que nous allions vous promener dans les ruelles de la Mouzaïa ou le long du bassin de la Villette – prétexte à une flânerie aquatique. Erreur ! C'eut été trop prévisible... Dans ce quartier dynamique, en pleine mutation, nous avons fait le pari de l'inattendu. Le défi sera de vous surprendre. Laissez-vous donc porter de surprises en découvertes jusqu'à la destination finale.

CONDITIONS D'ACCÈS :
Ce parcours peut être effectué tous les jours sauf le lundi, jour de fermeture d'une étape, qui par ailleurs n'ouvre en semaine qu'à 12h (11h le week-end). Nous vous conseillons de faire une halte pour le déjeuner, par exemple, à mi-chemin du périple.

DISTANCE ± 3,3 km
DURÉE ± 2h15
DIFFICULTÉ ●●●

1. Emporté par le vent

La France
est découpée
en...

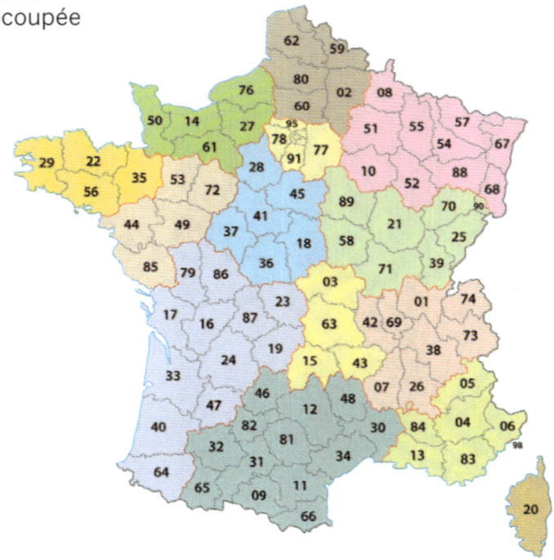

Rendez-vous dans la rue du : ____________________ ,

proche des voies ferrées (voir plan). À la hauteur du numéro correspondant au département le plus à l'ouest sur la carte de France, engagez-vous sur la passerelle. Elle vous conduira jusqu'à une aire de jeux. Arrêtez-vous au niveau des balançoires, adossez-vous à la rambarde en bois et regardez au loin, au-delà des voies. Quel monument se trouve dans votre champ de vision ? Inscrivez son nom dans la première ligne de la grille :

					-					
¿							†			

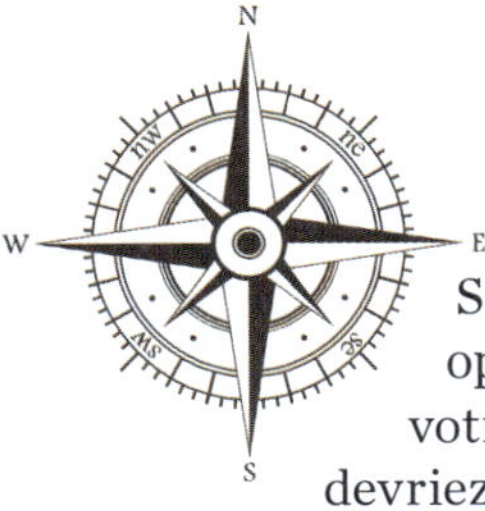

2. Illusion d'optique

Sortez du jardin par l'issue située à l'extrême opposé de l'accès par lequel vous êtes entré. Si votre boussole interne n'est pas déréglée, vous devriez aboutir à un carrefour avec une placette. Vous y verrez le mur aveugle d'un immeuble orné d'une peinture en trompe-l'œil. Approchez-vous et notez dans la première ligne de la grille les initiales du second artiste :

Cette spectaculaire réalisation en 3D mêle habilement le vrai et le faux. Elle donne une réelle impression de profondeur alors que la surface est absolument plane. Seules quatre fenêtres sont authentiques (celles de la cage d'escalier de l'immeuble). Les cheminées, elles, ne sont pas toutes factices.

3. À la vie, à la mort

Depuis cette placette, vous apercevez votre prochaine destination. L'indice rébus ci-dessous confortera votre intuition :

Une fois sur place, cherchez dans un recoin le...

... près d'un café caché.

Plantez-vous devant cette cabine vintage, lisez le texte explicatif et extrayez le mot précédant le 3e « FOTOAUTOMAT ». Notez-le ci-après :

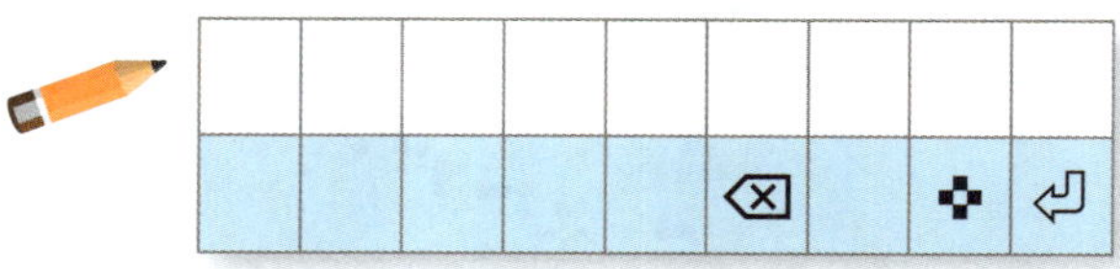

Puis additionnez les deux chiffres figurant sur ce panneau. Inscrivez ici le résultat :

4. Requiem en mode oblique

Traversez le bâtiment dans sa longueur et sortez à l'opposé de là où vous êtes entré.

Là, une fresque vous attend, à même le sol, au pied d'un portail monumental. Observez-la dans ses moindres détails et notez ci-dessous le mot associé à des :

❖			⊙		

5. Un zeste de botanique

Rendez-vous maintenant à la jonction de :

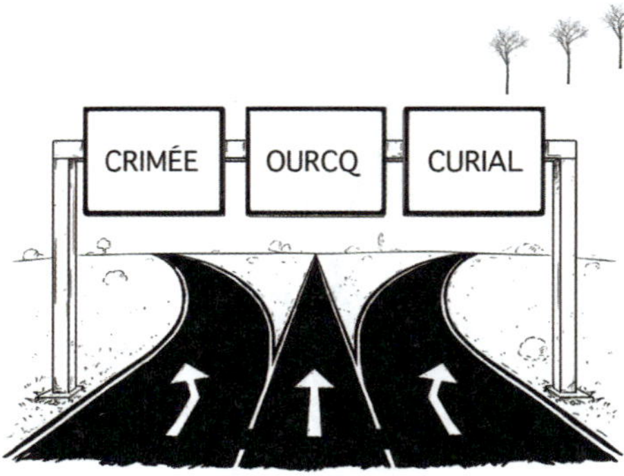

Quels arbres (au pluriel) jalonnent la dernière de ces rues, dans son prolongement vers le nord ?

★		?	Ξ				

Le quartier du Pont-de-Flandre est en pleine mutation. Plusieurs dizaines d'architectes dont Christian de Portzamparc et Kengo Kuma ont œuvré à sa création. De nombreux bâtiments vous étonneront par leur silhouette ou leur revêtement de façade.

6. Une question de posture

Longez les arbres jusqu'à la

À l'extrémité de cette voie, allez dans la

À l'intérieur, dans le tunnel, cherchez la fresque en mosaïque et complétez la phrase :

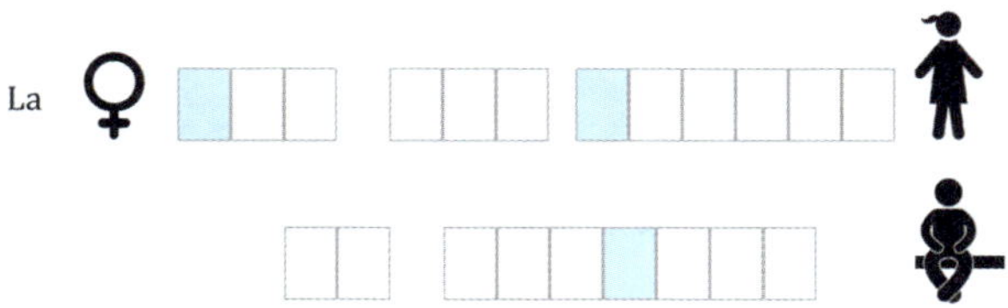

Relevez dans la grille les lettres occupant les cases bleues, dans l'ordre d'arrivée.

Cette femme américaine qui a donné son nom à la gare était une couturière noire, symbole de la résistance pacifique et de la lutte contre le racisme.

Sur cette même fresque en mosaïque, cherchez ce groupe nominal et notez ci-dessous le mot qui le suit :

Franchissez le tunnel et, depuis le parvis, observez les immeubles alentour. Notez dans la grille la couleur des fenêtres de celui-ci :

	↕		⇧	

7. N'en faire qu'à sa tête

La fin de la promenade approche. Rebroussez chemin, repassez dans le tunnel puis rejoignez cette rue dont le nom semble avoir été grignoté par un vers glouton.

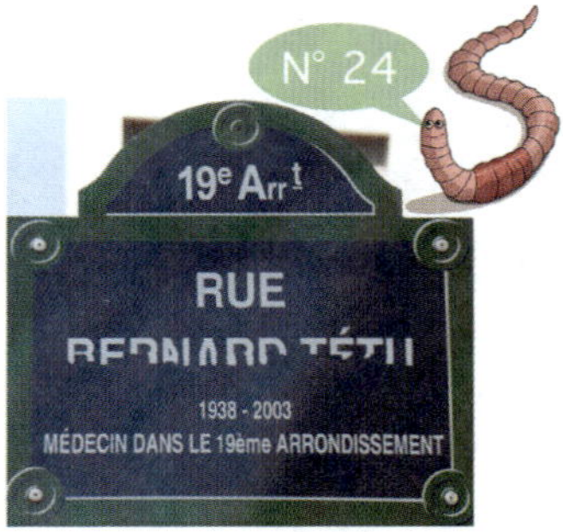

À cette adresse s'ouvre un square du même nom (attention, un jardin lui fait face, ne vous trompez pas). Poussez le portillon et avancez au cœur de l'îlot de verdure. Cherchez ce panneau et comparez-le à la photo. Combien manque-t-il de pelles ?

!	ζ		⏏

De surprises en découvertes

Les symboles glanés au cours de votre quête vous permettent enfin de décoder la destination finale ci-dessous :

																								,
!	ζ	⊙	⏏		∨	⊙	↕	✜		!	ζ		?	↕		⌫	⌥	↕	✪	ζ	⇧	#	ζ	

								z							
ζ	≡	∞	↕	✪	∨	⊙	ζ			¿	⊙	✪		⊙	⇧	ζ

⇧	↕	❖	ζ	#	#	ζ		⏎	?	⊙	❖	✜	↕	?	ζ		★	†	⊙	✪

!	ζ	⌫	†	⊙	❖	✪	✜	✪		?	ζ		★	↕	✪	⌫

	'																						.
!		↕	⌫	#	✜	❖	✜	#	ζ	¿		!	⊙		≡	✜	?	?	ζ	⇧	↕	✜	✪	ζ

																					,
!	ζ	★	↕	✪	#		#	†	⊙	#	ζ	¿		?	ζ	¿		✚		≡	⇧

							.
∧	✪	↕	#	⊙	✜	#	

Cimetière du Père-Lachaise

20^{e}
ARRONDISSEMENT

RITUELS MYSTÉRIEUX AU PÈRE-LACHAISE

Il se passe de drôles de choses au cimetière du Père-Lachaise. Aux dires de certaines personnes, on pourrait trouver remède à divers maux ou problèmes en fréquentant telle ou telle tombe. Voilà qui est intriguant. Votre nature curieuse ne saurait se contenter des « On dit… ». Racontars ou pas, vous décidez d'en avoir le cœur net.

Vous pouvez vous orienter à l'aide du plan reproduit ci-après, photographier celui présent sur un panneau à l'entrée ou en demander un plus grand, délivré gratuitement dans le bâtiment de la conservation (c'est sur le parcours, et l'on vous préviendra. Ces bureaux, cependant, ne sont ouverts qu'en semaine.).

DISTANCE ± 2 km
DURÉE ± 2h 30
DIFFICULTÉ

1. Un service à la carte

Alors que vous pénétrez dans le champ de repos par l'entrée principale, une femme vous dépasse. Coquettement vêtue et très fardée, elle avance d'un pas pressé. Un papier s'échappe de sa poche. Vous le ramassez pour le rendre à sa propriétaire… qui a soudainement disparu. Jetant un œil sur le document, vous décidez de suivre les indications données.

Allez

Passez entre

et

Avancez jusqu'à la 4e ligne

(1 ligne = 1 rangée de tombes parallèles à l'allée)

Cherchez ces ornements :

La femme de tout à l'heure s'y recueille. Elle tire de son sac une carte à jouer – un as de cœur – qu'elle glisse sous un caillou avant de s'éloigner en zigzaguant entre les croix et les dalles. Avant de la prendre en filature, relevez dans la première ligne de la grille ci-dessous le titre figurant sur la stèle.

					♠						

Et là, dans la première ligne, le nom :

							†	

Le bâtiment de la conservation est tout proche, si vous voulez prendre un plan.

Cette célèbre cartomancienne est considérée comme la plus grande voyante de tous les temps. Elle consultait dans le tarot, le marc de café et « faisait voir dans un œuf cassé l'avenir comme le passé ». Napoléon Ier et son épouse Joséphine eurent recours à ses services.
Pour gagner en extra-lucidité, les praticiens des arts divinatoires viennent, les soirs de pleine lune, cacher leur jeu de tarot dans un recoin de sa pierre tombale avant de venir le récupérer le lendemain. Si l'on n'est pas de la profession, on peut néanmoins faire appel à la pythie : pour une peine de cœur, prière de déposer sur la tombe un as de cœur ; un as de trèfle pour un vœu de réussite ; un as de pique pour une rentrée d'argent ; un as de carreau pour avoir des nouvelles de quelqu'un.

2. Soigner une peine de cœur

La femme, qui a manifestement des soucis d'ordre sentimental, s'éloigne. Ne perdez pas sa silhouette de vue !

Elle avance de quelques pas puis s'arrête devant un mausolée de style gothique. Elle sort de son sac une rose rouge qu'elle lance par-dessus la grille. Là encore, elle semble murmurer une prière (un vœu ?) avant de tourner les talons, en direction de la sortie. La voie est libre, vous vous approchez. À qui s'est-elle adressée ? Quel est le nom de ces deux gisants de pierre ? Notez-les ci-dessous :

					⌘	

					⊙	

3. Devenir millionnaire

Un jardinier ratisse des feuilles. Vous l'abordez pour lui demander s'il connaît des tombes faisant l'objet d'un rituel particulier. L'individu vous répond en grommelant :

**« Dans la 19e, après les Chèvres,
sur le ch'min du Dragon, près de l'escalier.
Pouvez pas le louper, c'est le plus haut mausolée,
un machin qui ressemble à la Cropole. »**

Débrouillez-vous avec ça ! Le type est du genre bourru, il n'en dira pas davantage. Heureusement que vous avez un plan...

La sépulture monumentale se dresse face à vous. Relevez le nom de jeune fille de son occupante (sans la particule) :

				★				❄	

Une légende affirme que celui qui aura le cran de passer une année entière, nuit et jour, dans ce caveau pour lui tenir compagnie se verra récompensé par une fortune colossale. Il est permis de se faire livrer des repas, de lire et de se dégourdir les jambes à l'extérieur mais seulement pendant une petite heure, avant l'aube. Depuis la divulgation à l'échelle internationale de ce curieux testament, au XIXe siècle, des centaines de candidats se sont portés volontaires. Le plus endurant a tenu trois semaines avant que la folie ne l'emporte.

4. Résoudre des problèmes de bourses

Un groupe en fonte représentant le Christ en Bon Berger, entouré d'agneaux, veille sur la sépulture d'une famille nombreuse. Notez le patronyme de cette famille :

			♥		⊕			

5. Booster son sex-appeal et sa fertilité

En attendant que l'un ou l'autre de ces effets se manifeste, poursuivez votre quête en vous laissant guider par les statues.

Vous voilà face à l'une des plus célèbres tombes du Père-Lachaise et l'une des plus sollicitées ! Relevez ci-dessous l'avant-dernier mot inscrit sur la tombe, en bas à droite.

6. Améliorer sa vue et trouver l'âme sœur

Revenez sur vos pas jusqu'aux demoiselles de pierre qui se languissent au carrefour et dirigez-vous maintenant grâce aux noms gravés sur les stèles et les chapelles funéraires.

Saluez au passage, à droite :

Avancez jusqu'à ce bonhomme :

Allez-y en restant de son côté.

La sépulture en question est celle de Bonne Maman, désincarnée en 1908 à l'âge de 87 ans. Elle doit son surnom à sa bonté légendaire. Elle aurait le don de soulager des troubles de la vue. Ça tombe à pic, vous avez l'impression que votre vision s'altère. Comparez la photo ci-dessous avec la stèle et notez le mot effacé comportant 11 lettres (un nom commun, pas un nom propre) :

Pour bénéficier de son aide, il suffit de prélever une feuille sur l'une des plantes fleurissant sa tombe et de la passer sur ses yeux. Bonne Maman ne se limite pas aux cataractes, glaucomes et autres presbyties ; elle se révèlerait aussi très efficace pour consoler de la solitude ou aider à passer le cap d'un veuvage.

7. Recharger ses batteries

Un disciple de Bonne Maman vous glisse un tuyau au creux de l'oreille. Ses indications sont si complexes que vous vous empressez de les écrire pour ne rien oublier.

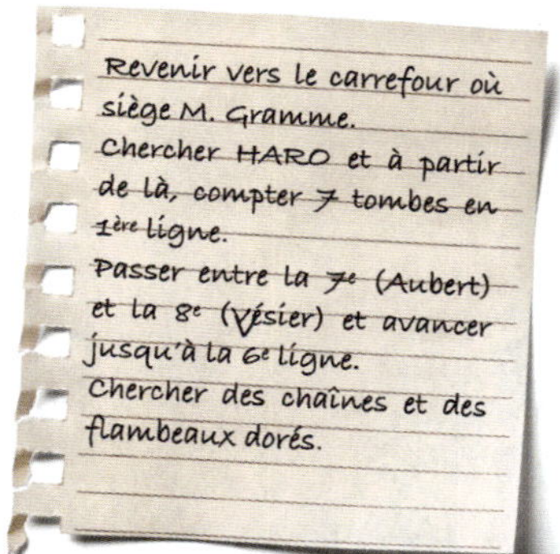

À quel médaillon faites-vous face ?

X **Y** **Z**

Reportez la lettre ci-dessous :

8. Soulager des maux de jambes

Gonflé à bloc, vous poursuivez cette quête décidément surprenante. Tournez le dos au mage blanc et suivez la petite allée à gauche qui vous mènera à l'avenue Carette. Tournez à gauche puis arrêtez-vous à l'intersection avec la transversale n° 3. À ce carrefour se trouve une dame bizarrement allongée sur un banc. Suivez la direction de ses pieds.

Mettez à l'épreuve votre sens de l'orientation afin de vous positionner sur l'étoile rouge.

En partant de la transversale n° 2, prenez le sentier à côté de la famille Dutartre et avancez jusqu'à la 15e ligne. Une tombe abondamment fleurie vous y attend. À l'arrière de la stèle, une fiche vous en dira plus sur le défunt. De cette édifiante littérature, retenez simplement le prénom de sa maman :

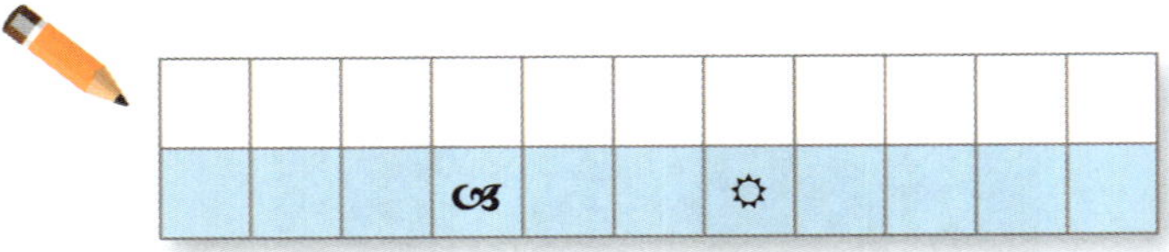

Ce défunt a pour spécialité post-mortem la guérison des membres inférieurs. Sans doute regrette-t-il de n'avoir pu, de son vivant, exercer son fluide sur sa propre personne ; une paralysie douloureuse ayant accompagné la fin de sa vie.

9. Exaucer n'importe quel vœu

En dépit des pouvoirs de ce brave homme, vous commencez à en avoir plein les pattes. Heureusement, votre prochaine destination est toute proche. Trois indices suffisent à vous y conduire.

À l'arrière de ce dôme se tient un mausolée toujours très fréquenté. Inscrivez ci-dessous sa forme (un feuillet, au dos de la tombe, vous aidera au besoin à mettre un nom dessus) :

			♣		

La palme de la polyvalence revient à cette tombe, la plus fleurie du cimetière. Et pour cause, son résident aurait initié, de son vivant, le rituel suivant : « Après ma mort, si vous passez me voir, posez la main sur la nuque de la statue qui surplombera ma tombe puis faites un vœu. Si vous êtes exaucé, revenez avec des fleurs. » L'abondance de fleurs témoigne de l'efficacité du procédé. Certains prennent soin d'inscrire leur requête sur un bout de papier maintenu avec une bougie, au cas où les mots chuchotés seraient par trop volatiles. Le mausolée est considéré comme une véritable porte vers l'au-delà. Les voyants et adeptes de divers courants spirituels du monde entier viennent s'y charger en fluide médiumnique. Ils restent parfois des heures en contact avec le « maître », embrassant son buste, son nez en particulier, ou y posant leurs mains ou un objet quelconque pour les magnétiser. Au dos de la tombe, une « recommandation au public » condamne ces pratiques « d'un autre âge ».

10. Doper sa virilité

Votre vœu le plus cher est peut-être que cette quête aux tombes magiques se termine enfin. Vous allez être bientôt exaucé. Encore un peu de courage. Au carrefour le plus proche, laissez-vous guider par les photos.

jusqu'aux 3 statues de femmes.

Ces dames de bronze veillent sur la sépulture d'un célèbre fondeur. Relevez son nom :

	✝						☠			

On prête à la statue centrale le pouvoir de favoriser les rencontres amoureuses, d'accroître la puissance sexuelle et de stimuler la fertilité. Elle est aux messieurs ce que Victor Noir est aux dames : une sorte de Viagra sans ordonnance. Le lustre de sa poitrine dénudée témoigne d'attouchements fréquemment accomplis.

Réveillons les morts !

Vous voilà enfin au terme de ce périple nécropolitain. Les indices glanés vous permettent de décrypter le message suivant :

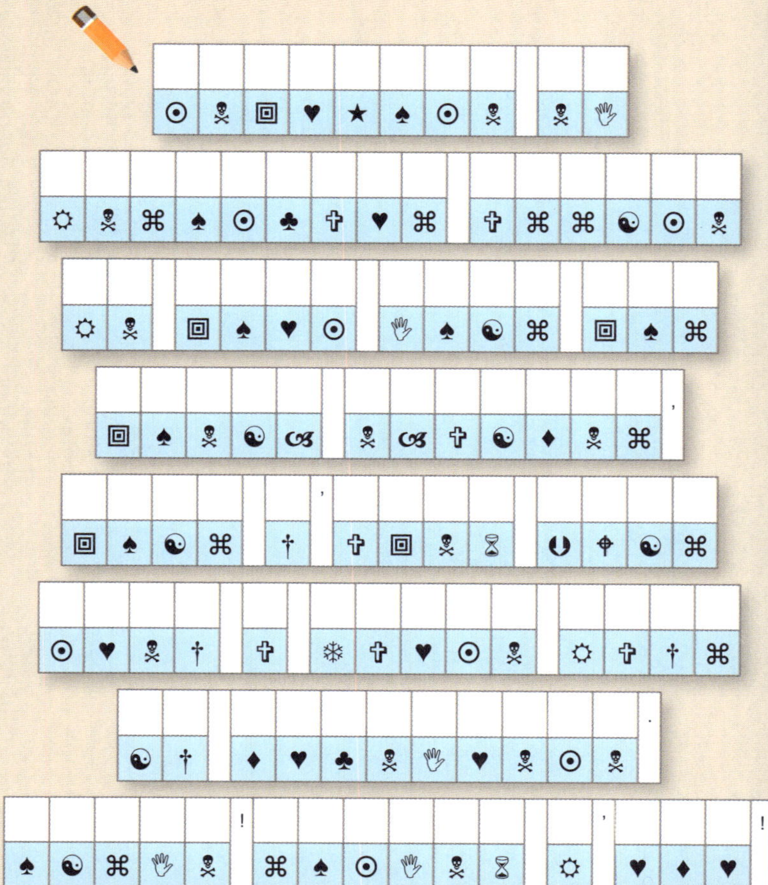

Réponses
Déblocage express

1er arrondissement

1. Île de la Cité, tour de l'Horloge. Solution : météorite.
2. Pont-Neuf, statue d'Henri IV. Solution : sylvanite.
3. Église Saint-Germain-l'Auxerrois. Solution : glace.
4. Arc de triomphe du Carrousel. Solutions : crypton, hélion, radon.
5. Jardin du Palais-Royal. Solution : escarboucle.

2e arrondissement

1. Métro Quatre-Septembre. Solution : bombe.
2. Place des Petits-Pères, basilique Notre-Dame-des-Victoires. Solution : C bidon.
3. Rue Léon-Cladel. Solution : glisse.
4. 142 rue Montmartre en direction du 37 rue du Mail. Solution : bénéfix.
5. Rue des Petits-Carreaux. Solutions : Tintin, capitaine Haddock, jaune.
6. Rue Montorgueil. Solutions : 1er avril : joke.

3e arrondissement

1. Square du Général-Morin. Solution : espace public.
2. 223 rue Saint-Martin (passage de l'Ancre). Solution : jaune.
3. 51 rue de Montmorency. Solution : éclairage.
4. 6-8 rue Brantôme. Solution : bioluminescence.
5. Jardins des Archives nationales. Solution : ver luisant.

4e arrondissement

1. Métro Sully-Morland. Solution : amande.
2. 1-3 place de la Bastille. Solution : pêche.
3. Place des Vosges. Solution : groseille.
4. Hôtel de Sully. Solutions : quetsche, navet, kiwi, poire, litchi, jujube.

5e arrondissement

1. Place de la Contrescarpe. Solution : Nouvelle-Guinée.
2. Rue Mouffetard. Solutions : griffes, que.

3. 20 rue Cuvier. Solution : brun.
4. Roseraie (Jardin des Plantes). Solution : mammifère.
5. Manège dodo (Jardin des Plantes) et banc proche. Solutions : (k)angourou, dans les arbres.

6e arrondissement

1. Rue Férou. Solutions : vacheries, mufle.
2. Angle du 8 place Saint-Sulpice et de la rue des Canettes. Solution : pécore.
3. Cour du Commerce-Saint-André. Solution : fifrelin.
4. 36 rue de Vaugirard. Solution : paltoquet.
5. Jardin du Luxembourg, le verger (enclos incurvé). Solutions : Pigeonnet de Jérusalem, Pimpesouée ; Grimes Golden : Gandin.

7e arrondissement

1. 140 rue du Bac. Solution : Suis-je ici chez ce cher Serge ?
2. 29 rue de Babylone, jardin Catherine-Labouré. Solution : diplomate.
3. Musée d'Orsay. Solution : hyvää iltaa.
4. Façade du musée de la Légion d'honneur. Solutions : bleu, blanc.
5. Nouvelles berges. Solution : Finlande.

8e arrondissement

1. Place de la Concorde. Solution : fluorescéine.
2. Devant la statue d'Albert Ier, cours La Reine. Solution : collectif citoyen.
3. Pont Alexandre-III. Solution : Colorado.
4. Petit Palais, jardin. Solution : embouteillages.

9e arrondissement

1. 58 rue Rochechouart, cité Napoléon. Solution : symphonie.
2. 68 rue Condorcet. Solution : musette.
3. 11 cité Malesherbes. Solution : batterie, saxo.
4. Place Saint-Georges. Solutions : Le Funambule de Sopi, C, Q, V.

10e arrondissement

1. 102 quai de Jemmapes. Solutions : AE, 3.
2. Écluse des Récollets. Solution : NZ.
3. Passage des Récollets. Solution : CHOW.
4. Jardin Villemin. Solutions : mutation, 1.
5. 148 rue du Faubourg-Saint-Martin. Solution : paysagiste.
6. Gare de l'Est. Solution : Belfort.

11e arrondissement

1. Cirque d'Hiver. Solution : antilope.
2. 89 rue Amelot. Solution : Delirium.
3. Angle rue Pelée et Saint-Sabin. Solution : vélo.
4. Cour du Coq. Solution : gaulois.
5. 37 rue Saint-Sabin. Solution : Grantil.
6. Passage du Cheval-Blanc. Solution : cheval.

12e arrondissement

1. Rue des Pirogues-de-Bercy. Solutions : licorne, piano, merveilleux.
2. Cour Saint-Émilion. Solution : JimAliIsis.
3. Belvédère du parc de Bercy. Solution : D, F.
4. Ruines de la folie du XVIIIe siècle. Solutions : Orry, Fanton.
5. Glacière. Solutions : blanc, mosaïque.
6. Pavillon du Vent. Solution : seize.
7. Cheminée en brique. Solution : vigne.
8. Potager. Solution : papillon.

13e arrondissement

1. Esplanade Pierre-Vidal-Naquet. Solution : pyramidale.
2. Intersection des rues Marguerite-Duras, Françoise-Dolto et Marie-Louise-Dubreil-Jacotin. Solution : grenadine.
3. Rue Goscinny. Solution : atrium potager.
4. Promenade Claude-Levi-Strauss, angle place Jean-Michel-Basquiat. Solution : circulaires.
5. Parvis Alan-Turing, passage Anatole. Solutions : hévéa et fibres de bois.

14e arrondissement

1. Jardin Atlantique. Solution : Alexia.
2. 57 rue Vercingétorix, Notre-Dame-du-Travail. Solutions : blonde, artiste.
3. Jardin face au 133 rue Vercingétorix (menhir). Solution : mastiff.
4. Impasse Florimont. Solution : contrebasse.
5. 119 rue Raymond-Losserand. Solutions : C., D.
6. Rue des Thermopyles. Solution : ouzbèke.

15e arrondissement

1. Métro Vaugirard. Solution : favorites.
2. Square Saint-Lambert. Solution : Butte aux Cailles.
3. Square Saint-Lambert. Solutions : Céleste, L'Égalité.
4. Carrefour Croix-Nivert-Javel-Frères Morane. Solutions : pêche sportive, marlin.
5. 275 rue Lecourbe-angle Duranton. Solution : orage.
6. 174 rue Saint-Charles, cimetière de Grenelle. Solution : Atlantique.
7. Parc André-Citroën. Solution : pionniers de l'automobile.

16e arrondissement

1. Esplanade du Trocadéro. Solution : Félix Desruelles.
2. 8 rue Benjamin-Franklin. Solution : Clemenceau.
3. 47 rue Raynouard. Solution : M. de Breugniol.
4. 24 rue Berton. Solution : seigneuries.
5. Avenue Marcel-Proust, parc de Passy. Solution : P.
6. Rue des Eaux. Solution : musée du Vin.
7. Pont de Bir-Hakeim. Solution : Injalbert.
8. Allée des Cygnes.

17e arrondissement

1. 11 avenue de Clichy. Solution : bleu.
2. 22 rue des Dames. Solution : vermillon.
3. Place Richard-Baret, mairie. Solution : le biscuit de Savoie.
4. 8 passage Geoffroy-Didelot. Solutions : clarinette, quatre.
5. Place du Général-Catroux. Solutions : Villers-Côterets, Alexandre Dumas fils, Romulus.

18e arrondissement

1. Cimetière de Montmartre. Solution : Mourir ? Plutôt crever !
2. Square Jehan-Rictus. Solution : scarabée.
3. Passage des Abbesses. Solution : Gros.
4. 56 rue des Trois-Frères. Solutions : crêpe, je, Tautou.
5. 13 place Émile-Goudeau. Solution : cubisme.
6. Place Marcel-Aymé. Solution : K.
7. Place Dalida. Solution : Gérard de Nerval.
8. 12 rue Cortot. Solution : Francisque Poulbot.
9. 19 rue du Mont-Cenis. Solution : chauve-souris.
10. Square Louise-Michel.

19e arrondissement

1. 29 rue du Département, jardin d'Éole. Solution : Sacré-Cœur.
2. 92 rue d'Aubervilliers. Solution : G. Hamelin. Les initiales demandées sont donc G et H.
3. 104 rue d'Aubervilliers. Solutions : collectif, 7.
4. 87 avenue de Flandre. Solution : volute.
5. Rue Curial. Solution : palmiers.
6. Gare Rosa-Parks (tunnel). Solutions : la femme qui est restée debout en restant assise ; bus ; gare Rosa-Parks (parvis nord), jaune.
7. 24 rue Bernard-Têtu, jardin du Ver-Têtu. Solution : deux.

20e arrondissement

1. 3e div., 4e ligne. Solution : Mademoiselle Lenormand.
2. 7e div. Solutions : Héloïse, Abélard.
3. 19e div., 1ère ligne, chemin du Dragon. Solution : Strogonoff.
4. 40e div., chemin des Anglais. Solution : Davillier.
5. 92e div., avenue transversale n° 2, Victor Noir. Solution : souscription.
6. 94e div., 1ère ligne, Bonne Maman. Solution : universelle.
7. 93e div. Solution : Z.
8. 15e ligne en partant de l'avenue transversale n° 2, sentier partant face au columbarium, prendre le sentier à côté de la famille Dutartre. Solution : Alexandrine.
9. 44e div., Allan Kardec. Solution : dolmen.
10. 53e div., chemin Mont-Louis. Solution : Barbedienne

1er arrondissement
Galerie Véro-Dodat

2e arrondissement
La République du Croissant car l'épicentre de la presse se situait au croisement de la rue du Croissant et de la rue Montmartre

3e arrondissement
Lampadaires éclairés par des vers luisants.

4e arrondissement
Prenez le temps de vous balader dans les cours du village Saint-Paul, îlot préservé du vieux Paris.

5e arrondissement
Dendrolague de Goodfellow

6e arrondissement
« Enchanté, moi c'est Chirac », avant de se diriger vers le malotru pour lui serrer la main.

7e arrondissement
Il va importer à Paris un sport en vogue chez les adolescentes finlandaises : le hobby horsing. C'est une pratique d'équitation sans cheval comparable à l'air guitar.

8e arrondissement
Des pistes cyclables phosphorescentes. Leur revêtement de particules luminescentes absorbe la lumière du soleil et la restitue durant la nuit.

9e arrondissement
Cour du musée de la Vie romantique
16 rue Chaptal

10e arrondissement
13 rue Léon Schwartzenberg

11e arrondissement
Passage Rauch

12e arrondissement
Jim, Ali, Isis, Felipe, Marie et les seize autres enfants sont sur les pelouses qui se trouvent à l'extrémité de la passerelle Simone de Beauvoir.

13e arrondissement
La Halle Freyssinet, ancien bâtiment ferroviaire, est devenue le plus grand incubateur de start-up du numérique au monde : la station F.

14e arrondissement
19 cité Bauer

15e arrondissement
Si vous ne pouvez vous envoler dans le ballon, réfugiez-vous dans les serres (six petites et deux grandes) : délicieux cocons intimes.

16e arrondissement
Au pied de la statue de la Liberté

17e arrondissement
Quarante-trois avenue de Villiers

18e arrondissement
Paris a son Manneken-Pis (petit homme qui pisse en néerlandais) ; un poupon joufflu au premier plan de la fontaine des Innocents d'Émile Derré entre le manège et les guichets du funiculaire.

19e arrondissement
Deux quai de la Charente, embarquez sur une navette fluviale pour découvrir le parc d'activités du Millénaire. Départ toutes les 7 mn, gratuit.

20e arrondissement
Revigoré et désormais assuré de voir tous vos vœux exaucés, vous n'avez plus rien à faire dans un cimetière.
Ouste ! sortez d'ici !

N O T E S

N O T E S

N O T E S

NOTES

N O T E S

Direction éditoriale : François Besse
Suivi éditorial : Mathilde Kressmann
Relecture : Aude Gandiol et Coralie Manant
Direction artistique : Isabelle Chemin
Maquette : Julie Hiet
Cartographie : Aurélie Boissière - boiteacartes.fr

Achevé d'imprimer en France en mars 2022
sur les presses de l'imprimerie SEPEC, à Péronnas.

Dépôt légal : avril 2022
ISBN : 978-2-37395-179-0

PEFC™
10-31-1470

Certifié PEFC

Ce produit est issu de forêts gérées durablement et de sources contrôlées.

pefc-france.org